宗白華生命美學思想研究(上)

莫凡妮 著

作者簡介

莫凡妮，女，漢族，祖籍湖南邵陽，1989 年出生於廣西桂林，2021 年於北京大學中國語言文學系獲得文藝美學方向博士學位，並於 2022 年進入加拿大多倫多大學比較文學系從事博士後研究工作，研究方向為生命美學的探索。興趣廣泛，尤其熱愛文學藝術，在北京大學就讀期間，曾擔任《漢苑》雜誌主編，並且持續為北京大學百週年紀念講堂撰寫電影與文藝評論，多次被北京大學會議中心評為優秀記者。

提　要

　　宗白華（1897～1986）是我國近現代著名美學家，他與朱光潛被並稱為中國近現代「美學的雙峰」。宗白華對美學在中國的發展做出了卓越的貢獻，他不僅將西方美學、藝術學等著作翻譯介紹到中國，還首先提出了「中國藝術精神」和「中國美學」等範疇並進行初步構建。

　　本書選取「生命美學」的角度進入宗白華的學術思想與生活，不僅因為對生命的追問本來就是哲學最古老的話題之一，更因為無論從宗白華的人生經歷中還是從他的學術生涯裏，對「生命」的發現與讚頌，始終是一條主線——在偉大的文學與藝術作品中，在大自然的運作和本真的生活中，宗白華處處發現了「生命」的痕跡，凡是充滿了生命之天真、活力、真誠、愛力、情感等因素都受到宗白華的熱情讚揚，並且宗白華將表現生命的多寡作為評價文學與藝術的重要標準。宗白華一生的學術實踐隨著具體的社會歷史條件不斷變動擴展，但他對「生命」的探索與讚美是不變的，如在《歌德之人生啟示》和《論〈世說新語〉和晉人的美》兩篇文章中，宗白華兩次清晰地界定過「生命本體」。

　　圍繞「生命美學」的主題，本書採用社會史和思想史的研究方法，將宗白華一生的學術實踐明確劃分為四個不同時期：生命美學的萌芽期（1913～1920），生命美學的建立期（1920～1932），生命美學的民族化時期（1932～1952）和生命美學的深化期（1952～1986）。相較於前人對宗白華學術分期的簡單化和粗略化的傾向，本書力求將分期問題明確化，不僅提出了起止年份，還說明了劃分的原因，主要的依據是宗白華在不同時期發表文章所突出的不同重心。宗白華的人生追求與學術研究雖然在各個時期呈現出不同風格，但並不存在斷裂式的分界或轉換，其始終都指向中華民族生命的拯救與復興。

目 次

引　言

　　宗白華（1897～1986）是我國近現代著名美學家、藝術評論家、詩人、學者和哲學教授。他出生於晚清光緒年間的江南書香門第，家學淵源深厚。宗白華一生天真爛漫，思想活躍，青少年時代即表現出詩人與哲人的氣質。宗白華一生都緊隨著中國社會歷史的重大變遷而成長發展：青年時期的「新文化運動」旗手，留學歐洲時期的藝術愛好者和詩人，南京中央大學時期的「中國藝術精神」探索者，北京大學時期的未名湖畔散步的中國美學家。宗白華的思想境界不斷變遷，對「生命」的高度讚美和求索卻始終不變，宗白華的美學思想反映了從西方美學的主客二分思維模式走向中國美學天人合一的趨勢。

一、選題的緣由與意義

　　宗白華作為我國著名的美學大師，對美學在中國的發展做出了重要的里程碑式的貢獻，無論在他的本真生活中還是在他的學術求索中，對「生命」的發現與讚頌，始終是一條主線——無論是在宇宙天地的運轉中、大自然的興衰枯榮裏，還是在古今中外的文學與藝術之中，抑或平凡的生活點滴裏，宗白華處處發現了「生命」的影響，「生命充實，圓滿，勇敢，樂觀。一個偉大的肯定，一個莊嚴的生命負責」〔註1〕。通讀《宗白華全集》，「生命」無處不在——「生命」是「運動」，是「生生而有條理的節奏」、是「愛力」、是「率性天真」、是「創造力」、是「精神」、是「氣韻生動」……在《歌德之人生啟示》和《論〈世說新語〉和晉人的美》這兩篇非常重要的文章中，宗白華兩次清晰地界定過「生命本體」。因此本書選擇宗白華的生命美學為研究對象，一是旨在展現宗白華哲學思想中最有最核心部的分，二是希冀借助他對

─────────────

〔註1〕宗白華：《宗白華全集》（第2卷）〔M〕，合肥：安徽教育出版社，2016，第221頁。

生命的重視與關懷來思考當下人們的生存狀態。

宗白華思想體系中的「生命」是從哲學意義上而言的、區別於生物學〔註2〕上生命體的一個概念，是一種哲學本體。宗白華想借助「生命」健動不息的力量，為當時死氣沉沉的中國社會注入生機與活力。宗白華的學術研究起於20世紀初中國學界對西方生命哲學的介紹，之後對「生命」的追隨便就貫穿其一生，劉小楓於1988年就提出了宗白華是一位「中國式的生命哲學家」〔註3〕。

對「生命」的追問是人類亙古不變的話題之一，關注「生命」就是關注人自身生存的價值和意義。古往今來的很多哲學家、生物學家都非常努力去給「生命」下一個確切的定義，但無論哪個層面上的「生命」本身是難以具體清晰界定的，其中很大的一個原因在於人們至今都沒搞清楚生命的起源。根據人們目前已有的知識，生命常常被定義為「具有自我再生能力的系統，其能夠自我建構，自我持存，進行能量轉換」〔註4〕，但這樣的說法也仍然存在很多爭議。在西方哲學史上主要有三大影響至今的傳統「生命」觀〔註5〕，一是亞里士多德的生命「動」觀（motion），亞里士多德將「動」視為生命最基本的、最低限度的本質；二是笛卡爾的生命機制觀（mechanism）；三是康德的生命系統觀（organization），達爾文的通過自然選擇的演化觀點也可以併入這其中，這些都構成了西方生命美學觀的底色。

中國的傳統文化重視生命，中國文明的根基就在於生命，如《道德經》中有「天下萬物生於有，有生於無……道生一，一生二，二生三，三生萬物」〔註6〕，可見「道」的本質在於其無窮的生發能力，「道」生出宇宙萬物。又如《易經》中「生生之謂易」〔註7〕，將玄妙的「易」與不斷變化、不斷進取之「生」

〔註2〕生物學意義上的生命含義主要指：由高分子的核酸蛋白體和其他物質組成的生物體所具有的特有現象。與非生物不同，生物能利用外界的物質形成自己的身體和繁殖後代，按照遺傳的特點生長、發育運動，在環境變化時常表現出適應環境的能力。（《辭海》）

〔註3〕劉小楓：《湖畔漫步的美學老人——憶念宗白華師》，《讀書》，1988年第1期。

〔註4〕 *Life*, Edward N. Zalta, Uri Nedelman, Colin Allen, R. Lanier Anderson, Stanford Encyclopedia of Philosophy, 2018, pp17: a plausible definition of life in these terms "Living organisms are autopoietic systems: self-constructing, self-maintaining, energytransducingautocatalytic entities".

〔註5〕 *Life*, Edward N. Zalta, Uri Nedelman, Colin Allen, R. Lanier Anderson, Stanford Encyclopedia of Philosophy, 2018, pp.1.

〔註6〕出自《道德經》第四十章、第四十二章。

〔註7〕出自《周易‧繫辭》：「日新之謂盛德，生生之謂易。」

聯繫在一起，是為《易經》的核心觀點。《易》源於自然，大自然的大化流行是《易》之卦爻形成的藍本和基礎，充滿智慧和敏銳觀察力的先民將他們對自然社會最早的認識用抽象的方式記錄下來，以「生生」為最高最大的奇蹟。「生」既是不斷運動生發的狀態，也是生命不斷的推陳出新，「生生」即指生命的不斷循環往復，代際更迭，天地承載萬物、養育萬物，萬物繁衍，生命傳承延續。《周易》中關於「生」的記載貫穿全書，如「雷雨之動滿盈」〔註8〕、「萬物資生，乃順承天。坤厚載物，德合無疆」〔註9〕等，都是關於天地間生命的記載。

　　孔子之著名的「未知生，焉知死」〔註10〕強調的也是對生命、對當下生活的重視，一萬年太久，只爭朝夕。孔子在這裡主張人應該將主要精力投入到豐富自己的生存體驗當中，盡可能地擴展生命的豐富度和深度，這顯示了孔子積極的現世人生觀。莊子在《天地》中揭示了「生」的秘密：「泰初有無，無有無名，一之所起，有一而未行。物得以生，謂之德；未形者有分，且然無間，謂之命；留動而生物，物成生理，謂之形；形體保神，各有儀則，謂之性。」〔註11〕莊子言在宇宙的起源處即「泰初」階段，一切是渾沌一體的，當有了「起」之動，就有了流轉，也有了靜止，形式得以形成，萬物也就產生了。跟孔子探討生死問題類似的，莊子也有「以生為脊，以死為尻」〔註12〕來探討生死的問題，這表現了莊子對生死辯證的看法，提示著人們尊重生命，同時無懼死亡。

　　中國現當代美學本來就是應中國19世紀末20世紀初的時代問題、為解決當時中國人的人生觀、價值觀和世界觀問題而產生的，屬於整個啟蒙思潮的一部分。作為第一代中國美學家代表的王國維最初引入美學的概念，關注的即是人生問題。王國維基於自己的人生際遇，感悟時代與民族所面臨的困境，接受了叔本華的「生命意志」相關學說，認為要從生活之苦與人生之欲中超脫出來，便要借助文藝之美。王國維的「境界說」、「悲劇說」等，都注重文藝對生活之真、生活之苦的反映，人們需要直面人生的痛苦，進而再借助藝術澄明的審美境界進行超越。另外，第一代美學家代表的梁啟超在眾多文

〔註8〕出自《周易‧屯卦》：「動乎險中，大亨貞。雷雨之動滿盈，天造草昧。」
〔註9〕出自《周易‧坤‧象傳》。
〔註10〕出自《論語‧先進》第十一：季路問事鬼神。子曰：「未能事人，焉能事鬼？」曰：「敢問死。」曰：「未知生，焉知死？」
〔註11〕出自《莊子‧天地》。
〔註12〕出自《莊子‧大宗師》：孰能以無為首，以生為脊，以死為尻；孰知死生存亡之一體者，吾與之友矣！

章和公開演講中，都圍繞趣味、情感和崇高三個關鍵詞陳述自己的美學思想，梁啟超構建的是一個人生、審美和藝術三位一體的美學思想體系，充分體現了他作為中國啟蒙思想家的追求。可以說，生命美學，文化美學，生活美學，一直是中國近現代美學的核心。

宗白華作為中國近現代第二代美學家〔註13〕的代表，他一方面對中國傳統的生命觀具有深刻的體悟與理解，另一方面又從王國維、梁啟超等人的美學體系得到傳承，還親歷了「五四」時期中國社會的巨大變動及各種思想的風雲際會，並且從西方的思想中汲取了積極進取的生命資源。宗白華立於國家民族歷史大變遷的十字路口，整合了東西方豐富的生命思想與文化資源，創建了自己獨具特色的生命美學體系，試圖通過美和藝術來提升人們的精神境界、生活層次及生命的力度，用生命美學作為救治落後中國的良方。

本書探討的另一個重要的問題就是宗白華的生命美學思想分期問題，關於「生命」的內涵與意蘊，宗白華做了很多具體的描述與解釋，並且會隨著他不同時期的感悟和面對的具體情況不同而發生變化。歌德是宗白華人生的偶像，宗白華一生都在追隨歌德，宗白華分析歌德時把他永恆變遷的人生明確地分為三個不同時期（少年詩人時期、中年政治家時期、老年思想家科學家時期〔註14〕），類似的，宗白華的學術生涯也具有時段化的特徵。很多學者以 30 年代為界，將宗白華的學術實踐劃分為兩個時期，認為宗白華前期的生命美學主要受西方哲學尤其是生命哲學的影響，重視外在的創造與運動；後期的生命美學回歸到中國傳統哲學，關注一種生命內部最深的氣韻與律動。本書認為這種「兩分法」有將宗白華生命美學思想分期簡約化的傾向，不足以勾勒出宗白華學術思想變化的全貌，因此更細緻地對宗白華的生命美學實踐進行了分期，以更好地把握宗白華的生命美學成就。

本書將宗白華的生命美學實踐具體劃分為四個時期：生命美學的萌芽期（1913～1920），生命美學的建立期（1920～1932），生命美學的民族化時期

〔註13〕〔德〕Heinrich Geiger《審美觀與藝術獨立性——朱光潛和宗白華對現代中國美學發展的貢獻》，《美學的雙峰：朱光潛、宗白華與中國現代美學》，葉朗主編，1999 年，第 111 頁，「在衡量藝術與社會關係的重要性以及關於藝術獨立性的不同表達方式上，朱光潛、宗白華屬於二十世紀中國美學發展史上最著名的第二代美學家。梁啟超則是第一代美學家中最重要的代表人物……」。

〔註14〕宗白華：《宗白華全集》（第 2 卷）〔M〕，合肥：安徽教育出版社，2008，第 4 頁，《歌德之人生啟示》。

（1932～1952），生命美學的深化期（1952～1986）。分期可以在進行研究時更好地進入並理解宗白華的人生，重構他在不同人生階段所面臨的具體問題和現實情況，分析他在不同階段的學術風格轉變的原因。需要說明的是，本書分期的主要依據是宗白華在不同時期發表的文章所關注的主要問題的不同，每個時期的界限並不是絕對固定的，分期是為了突出宗白華的學術重心之轉變和探尋轉變的原因，宗白華學術重心每一次轉向都有深刻的歷史社會原因，其都跟宗白華深刻的民族使命感分不開，他的生命美學就萌發於他對民族文化與生命之復興的希冀。

　　具體說來，生命美學萌芽期（1913～1920）的宗白華接受西方生命哲學的影響，跟當時很多中國學者共同構成了研究生命哲學的思潮，尤其是柏格森的「創造進化論」給予了他很多啟示，宗白華相信生命是一種精神性的、充滿了活力的創造力量，永不停息，一切社會活動都是由生命的運動演化出來的。宗白華主張中國的青年人們用積極進取的「創化論」作為宇宙觀和世界觀，鼓勵中國人生活一天就應該創造一天，因為生活的奮鬥與創造是與宇宙的創化力相匹配的。此時期的宗白華以極大的熱情加入了啟蒙中國的「新文化運動」，他積極寫作投稿，後又擔任「新文化運動」陣地之一的《學燈》編輯，以教育和鼓吹當時的青年進步為己任。此時期的宗白華反抗一切封建傳統的束縛，類似歌德在「狂飆突進」運動中吶喊「情感就是一切」〔註15〕一樣，宗白華也高舉強烈的情感的口號，他認為能夠超越情感的人是世間難得的天才，而情感豐

─────────────────

〔註15〕對情感的推崇跟歌德是德國「狂飆突進」運動代表的身份分不開，狂飆突進運動（德語：Sturm und Drang）是 1760 年代晚期到 1780 年代早期德國新興資產階級城市青年所發動的一次文學解放運動，也是德國啟蒙運動的第一次高潮。這個時期，是文藝形式從古典主義向浪漫主義過渡時的階段，也可以說是幼稚時期的浪漫主義。其名稱來源於劇作家克林格的戲劇「狂飆突進」，但其中心代表人物是歌德和席勒，歌德的《少年維特的煩惱》是其典型代表作品，表達的是人類內心感情的衝突和奮進精神。這次運動是由一批市民階級出身的青年德國作家發起的，他們受到啟蒙時代影響，推崇天才及創造性的力量，並把其作為其美學觀點的核心。狂飆突進時期的作家受到當時啟蒙運動的影響，特別是受到了盧梭哲學思想的影響，他們歌頌「天才」，主張「自由」、「個性解放」，提出了「返回自然」的口號。但另一方面這些年輕作家反對啟蒙運動時期的社會關係，駁斥了過分強調理性的觀點。這個運動持續了將近二十多年，從 1765 年到 1795 年，然後被成熟的浪漫主義運動所取代。浪漫主義始於 18 世紀西歐的藝術、文學和文化運動。重視民間藝術、自然、以及傳統，主張一個根基於自然的知識論，以自然的環境來解釋人類的活動。

沛的人則是生命力旺盛的一個表徵，宗白華認為有豐富情感的生命力旺盛之
人，是一個社會的希望之所在，宗白華認為黑暗壓抑的陳腐社會扼殺了人們的
情感，倡導情感就是呼籲生命的復興。由於此時期宗白華還並未形成自己的獨
特的理論風格特徵，因此此時期被劃分為生命美學的萌芽期。

　　在生命美學的建立期（1920～1932），宗白華從論述羅丹的雕塑起，開始
將藝術與生命相結合，將抽象玄妙的生命落實到了具體生動的藝術之上，他
獨特的生命美學體系開始形成。宗白華在《歌德人生之啟示》明確提出了「生
命本體」：「一切真實的、新鮮的、如火如荼的生命，未受理知文明矯揉造作
的原版生活……歌德少年作品中這種新鮮活躍的描寫，將嫵媚生命的本體熠
爍在讀者眼前」〔註16〕、「歌德這時的生命情緒完全是浸沉於理性精神之下層
的永恆活躍的生命本體」〔註17〕，由此可見，此時期宗白華對「生命本體」
的理解主要還是來源於西方美學中的居於理性下層的感性生命。這個時期宗
白華所觀照的也基本上是西方的文學和藝術作品。宗白華認為西方雕塑隨著
時間的發展演進造詣也越來越高，以羅丹為代表的現代雕塑達到的前所未有
的高度，因為宗白華認為雕塑在發展進程中越來越多地表達精神和情感。在
西方文學作品中，宗白華不僅膜拜歌德《浮士德》所表達的生命進取之美，
他還極高地讚美了莎士比亞作品中所呈現的生命之豐富、人性之百態，和西
方悲劇作品中反映的生命超越與提升。在此生命美學的建立期，宗白華在柏
林成為了詩人，他寫詩讚美大自然間的生命之流，表達自己豐富的愛情相思，
直露自己的情感，這跟他上個時期對情感的肯定是一脈相承的。此時期宗白
華將生命的要素提煉為運動不息，精神的灌注，愛力的豐沛及和諧的形式等。

　　在生命美學的深民族化時期（1932～1952），宗白華回歸到中國的傳統藝
術和思想資源中尋找中國獨特的生命美學。此時期宗白華向民族藝術和思想
的回歸受到了日本對中國第二次入侵的影響，宗白華試圖用激活民族精神的
方式喚起中華民族的覺醒。對西方藝術稔熟於胸的宗白華最初以西方藝術作
為參照系，用比較的方法考察中國藝術。由於繪畫是中國藝術的突出代表，
同時西方繪畫也成就卓著，還因為受到精通中西畫法之摯友徐悲鴻的影響，

〔註16〕宗白華：《宗白華全集》（第2卷）〔M〕，合肥：安徽教育出版社，2008，第
　　　　6頁，《歌德之人生啟示》。
〔註17〕宗白華：《宗白華全集》（第2卷）〔M〕，合肥：安徽教育出版社，2008，第
　　　　7頁，《歌德之人生啟示》。

宗白華選擇以繪畫作為比較研究的起點，得出了中國藝術的線條性、節奏性、注重留白和以氣韻生動為最高追求的特點。宗白華將這些特點推廣到中國書法、中國音樂、中國舞蹈、中國雕刻、中國建築和中國戲曲中。此時期宗白華還回歸到中國的傳統思想資源中尋找生命力量，他從魏晉名士所表現出的極大生命赤誠、儒家思想中的率性真誠、道家思想中的生命曠達和《易》中的生生而條理中都汲取了豐沛的生命資源。在《論〈世說新語〉和晉人的美》中，宗白華將「生命本體」歸納為「道」：「所謂『道』，就是這宇宙裏最幽深最玄遠卻又迷綸萬物的生命本體。」〔註18〕在此生命美學的民族化時期，宗白華將生命的要素提煉為氣韻生動，虛實之間的生命流動，中庸的剛健溫雅和意境對活躍生命的傳達和啟示。

生命美學的深化期（1952～1986）的宗白華由南京調往北京，為了遠離政治的紛擾，宗白華選擇在未名湖畔散步，逍遙於自然天地之間；60年代後，宗白華對「中國美學」的構建做同了重大貢獻。「中國美學」是宗白華於1932年就提出來的概念，對「中國美學」的研究宗白華是有規劃的，他在文章中明確提過自己計劃在前期充分積累各門藝術的感性體悟、豐富的認知，以此作為研究中國美學理論的初步準備，這就是宗白華在生命美學的民族化時期對中國各門藝術進行研究的學術實踐。宗白華在60年代起開始對豐富的感性材料進行提煉，他從五個方面對中國美學進行了初步的構建，雖然因為歷史的和政治方面的原因，宗白華對中國美學的構建只有一個開頭，但他的工作由學生等人繼承和完善，中國美學在宗白華的奠基之後得到了重大發展，最終得以成為世界美學當中的一朵芬芳別致的奇葩。

宗白華的人生與學術生涯雖然在各個時期呈現出不同風格，但從來沒有過斷裂式的分界或者轉換。如宗白華在生命美學萌芽期提出來的如「情感」等觀點，他在之後的時期同樣重視。生命的變動不居，源於生命的強力，世間唯一不變的真理就是一切皆在變化，宗白華學術實踐也如生生不息之生命那樣，不斷跟隨具體情況與形勢的變化而變動轉型，這跟《易》的基本思想「生生之謂易」是符合的。

<hr>

〔註18〕宗白華：《宗白華全集》（二），安徽教育出版社，2016，第278頁，《論〈世說新語〉和晉人的美》，原刊於《星期評論》第10期，1941年1月。作者又於1941年4月28日將其修訂，發表於《時事新報》1941年4月28日《學燈》第126期上。

二、研究的思路與方法

本書在確定了選題「宗白華生命美學思想研究」及擬出框架後，有針對性地按主題對前人的相關研究進行了文獻綜述，收集了前人研究宗白華的相關文獻資料，瞭解相關研究目前已經推進深化到的程度，提取要點，並在此基礎上檢驗自己原本的研究框架是否可行，如何在此議題上進行深化，如何在前人已有的研究基礎上有所創新。本書採取的研究方法主要有社會史的研究方法和思想史的研究方法。

（一）社會史的研究方法（Social Historical Methodology）

社會史的研究方法指的是運用各種社會科學重構研究對象所生活所存在的社會生活的現實（如社會結構、社會組織、社會運動、社會行為及社會心理等），還原到其所面臨的具體條件中去考察某一思想、觀點產生的原因與社會背景。對比於思想史注重的是經典思想間性的考察，社會史的方法重點研究的是不同時代的普通人的心態，即社會上大多人的態度、情感、意見等等，這些普通人的觀點表達「猶如大河的河床各能體現和反映社會既已存在的觀念系統、價值取向」〔註19〕。社會史的方法能夠重構某一思想觀點產生的社會現實，可以讓人更清楚地理解思想家們為什麼提出了這些思想，他們為何做出這樣的選擇。這樣考察者可以拋卻自己的思維定勢，發現某一思想在其當時產生時的特殊價值和意義。

本書注重考察了宗白華出生、成長、生活的不同階段所面臨的具體社會現實與情況，以及宗白華由於應對不同的社會現實而產生的學術關注重心的轉變，並且根據這些不同時期的不同關注點將宗白華的學術生涯分成了四個階段。如在宗白華生命美學的萌芽期（1913～1920），因為此時中國社會面臨內憂外患，對民族國家的使命感使得宗白華從醫學轉向哲學，這跟魯迅從醫學轉向文學背後的原因是一致的，他們都希望從中國人的精神層面進行改變，精神層面的影響比起身體層面的治療更為深刻。宗白華當時跟具有積極上進宇宙觀的西方的生命哲學一拍即合，專注「生命」的研究，因為中國在經歷了甲午中日戰爭後危機四起，人們普遍感覺到了滅種亡國的危險。生於晚清成長於民國的宗白華跟當時所有的有識之士一樣，高舉愛國主義和民族主義大旗，積極地引入西方的生命哲學思想以振興民族的生命力，渴望將外來的

〔註19〕李宏圖：《西方思想史研究方法的演進》，《浙江學刊》，2004.01。

生命注入老舊中國，使之恢復青春與活力。宗白華在此時期對生命哲學進行
介紹和闡釋，尤其推崇柏格森創化論，跟當時其他青年知識分子共同匯成了
一股生命哲學的研究思潮。

　　在生命美學的民族化時期（1920～1932），日本對中國的第二次入侵是致
使宗白華由原本對西方文藝的觀照轉向中國傳統藝術與思想的直接原因，民
族的危機導致當時的學者們極力想通過振興中國文化來使中華民族復興。宗
白華試圖探尋中華民族的精神來給予人們力量，他在抗日戰爭時期的 1939 年
提出了「中國精神」〔註 20〕，他寫到「軍事上最後的勝利已經遙遙在望，繼
之者當是這優美可愛的『中國精神』，在世界文化的花園裏而放出奇光異彩。
我們並不希求我們的精神征服世界，我們盼望世界上各型的文化人生能各盡
其美，而止於其至善，這恐怕也是真正的中國精神。」〔註 21〕1941 年宗白華
又發表了其飽含深情的文章《論〈世說新語〉和晉人的美》，在魏晉風骨中宗
白華尋找到了對抗時代黑暗的超脫與率真，他希望藉此來鼓勵當時飽受欺凌
的中國人不要喪失對未來的希望及對美好的追求。

　　宗白華在被調往北京大學後走向了「散步美學」，「散步」的姿態是宗白
華對 1957 年的反右整風運動的回應，宗白華拒絕在「反右」運動上批判其他
知識分子，更不願意落井下石，從此之後，宗白華就以「散步」的遺世獨立的
美學姿態棲居在中國現代美學史上。「散步」不僅是宗白華美學理論的一種創
新，還是他的一種人生態度。「散步」既表現出宗白華行雲流水的美學研究風
格，也是他遺世獨立、超然達觀人生態度的顯示。

　　綜合以上的分析，可見通過社會史的研究方法，可以回到歷史上宗白華
所面對的社會現實，結合他的理想與追求，分析出他做出一些決策、發表相
關文章和發起相關研究的原因及目的。人從來都是某一特定社會中的、歷史
中的人，通過還原、呈現宗白華所面臨的社會歷史現實，宗白華的形象也能
夠更具體地展現於人們眼前。

（二）思想史的研究方法（History of Ideas）

　　思想史的研究方法指的是研究某一具體的思想、觀點與同時期思想、觀點

〔註 20〕宗白華：《宗白華全集》（二），安徽教育出版社，2016，第 242 頁，《〈中國哲學
　　　　中自然宇宙觀之特質〉編輯後語》，原載於《時事新報·學燈》，1939 年 10 月。
〔註 21〕宗白華：《宗白華全集》（二），安徽教育出版社，2016，第 242 頁，《〈中國哲學
　　　　中自然宇宙觀之特質〉編輯後語》，原載於《時事新報·學燈》，1939 年 10 月。

的關係，考察這一思想、觀點是從何種已有的思想衍生出來的，是否為了反駁某些同代或前代的觀點而提出。本書在研究宗白華的生命美學思想之時，不僅將宗白華還原到他所生存的時代和環境中去考察，還將他的思想放回到思想史源流的內在的邏輯中去考察，考察了宗白華之前的思想家及社會思潮對他的影響，同時考察了與他同時代的社會思潮和時代精神對他的影響；此外，本書還考察了宗白華對當時及以後的思想史、社會思潮及時代精神的影響。

　　思想史研究注重的是經典思想家們的共時與歷時的對話關係，思想史的概念最早可以上溯到十八世紀的法國啟蒙運動時代，伏爾泰曾把理性的成長與進步的思想聯繫在一起考察。對於思想史的考察可以較準確地復原出某一思想觀點出現發展的歷程，不為後世的主導性觀念和有目的性的闡釋所迷惑，剝掉覆蓋在原本思想上的種種附加，直指思想本初的狀態。斯金納說道：「思想史家能夠幫助人們理解久遠的價值觀念如何凸現在我們今天的生活方式中，和我們今天思考這些價值觀念的方式，反思在相異的可能狀態下不同的時間中人們所作出的一系列選擇。」〔註22〕這種理解能夠有助於我們從對這些價值觀念的主導性解釋的控制下解放出來，並有助於對它們的重新理解。

　　本書在對宗白華的生命美學思想進行研究的時候，非常重視宗白華與其他學者的「對話」關係。如本書考察了宗白華與第一代美學家（王國維、蔡元培、梁啟超等）的聯繫與繼承關係〔註23〕，蔡元培提出的「美育」影響了宗白華選擇美學和教育作為自己畢生的事業；而梁啟超提出的「少年中國說」，促使了宗白華早年積極投身於少年中國協會，試圖努力改造老舊中國。宗白華與王國維的繼承關係更為明顯，宗白華關注的叔本華、尼采和「意境」理論等範疇，都可以在王國維的學術論述中找到對應理論。並且王國維跟宗白華都注重「生命」，劉小楓稱「中國式的生命哲學，王國維之後，乃是宗白華」〔註24〕。但比較而言，宗白華的生命觀中沒有王國維生命美學中消極的因素，呈現出一派剛健清新。宗白華與王國維學術的一個重要交匯點在兩人各自對「意境」

〔註22〕 李宏圖：《西方思想史研究方法的演進》，《浙江學刊》，2004.01。

〔註23〕 〔德〕Heinrich Geiger《審美觀與藝術獨立性——朱光潛和宗白華對現代中國美學發展的貢獻》，《美學的雙峰：朱光潛、宗白華與中國現代美學》，葉朗主編，1999年，第111頁，「在衡量藝術與社會關係的重要性以及關於藝術獨立性的不同表達方式上，朱光潛、宗白華屬於二十世紀中國美學發展史上最著名的第二代美學家。梁啟超則是第一代美學家中最重要的代表人物……」。

〔註24〕 劉小楓：《湖畔漫步的美學老人——憶念宗白華師》，《讀書》，1988年第1期。

理論的發展，「意境」在王國維主要是「境界說」，在宗白華主要為「藝境」。
王國維的《人間詞話》（1908）：「詞必以境界為最上。有境界者自成高格，自
有名句。」〔註25〕他將意境作為中國古典詩詞的最高美學範疇，認為意境的
有無是詩詞成為真正藝術的標誌，是顯示詩之為詩的「詩本體」特質，將意
境範疇上升到文學藝術的普遍適用性和藝術本體論的高度。宗白華在王國維
對中國古典詩詞的基礎上，將意境拓展到更豐富的藝術門類，如雕塑、音樂、
舞蹈、書法、繪畫等。並且兩人都對「意境」作了人生內涵、生命內涵的解
讀，注重在文學和藝術中找到人的終極歸宿，將意境拓展至人生的境界。

　　另外，本書還研究了與宗白華同時期的系列美學家的相關美學思想的異
同，如聞一多、朱光潛、鄧以蟄、方東美等，試圖挖掘出同一代美學家所關注
問題的相似及不同之處。如聞一多和宗白華都關注舞蹈，聞一多重視原始舞
蹈的荒蠻之力，而宗白華重視的是一切舞蹈韻律化充滿節奏感的浩蕩生命；
方東美的文化三型理論對宗白華關於世界文化的分類比較產生了直接的影
響；鄧以蟄和宗白華對於「書畫同源」的不同認識、宗白華對鄧以蟄書法評
論的直接引用等……「五四」學者一代的思想相互激蕩，對話或者駁斥，形
成了中國思想的一個活躍期，關於這一點，本書的第二章第三節「五四一代
知識分子與生命哲學思潮」有比較詳細的論述。

　　具體說來，朱光潛與宗白華都學貫中西，貫通古今，他們既是來自安徽
的老鄉，又同前往德國留學，後來成為北大的同事，兩個人對譯介西方的、
尤其是德國的文藝理論都做出了卓越貢獻。兩個人都重視藝術，但是目的
是不一樣的，朱光潛是將藝術作為對象化的問題來探究和處理，而藝術對
於宗白華而言首先是人生問題，宗白華追索的是整個生活的藝術化。兩個
人都重視和諧條理的精神，朱光潛中國文化的「和諧」之境很推崇，而宗白
華崇尚中國禮樂文化的秩序。朱光潛對陶淵明的詩品和人品尤為鍾情，同
樣的，宗白華非常欣賞晉人的美。兩個人都禮讚西方近代浮士德的進取精
神，對於康德、萊辛、溫克爾曼、歌德等的美學、藝術理論都有非常深刻的
領悟。葉朗〔註26〕認為朱光潛和宗白華的美學思想其實有著高度的相似性，
都代表著西方美學從古典走向現代及中西美學比較融合的趨勢；葉朗還於

〔註25〕王國維：《人間詞話》，上海古籍出版社，1998 年，第 1 頁。
〔註26〕葉朗：《從朱光潛「接著講」──紀念朱光潛、宗白華誕辰一百週年》，《北京
　　　　大學學報》（哲學社會科學版）1997 年第 5 期。

1997 年組織召開了「紀念朱光潛、宗白華誕辰 100 週年國際學術研討會」，並編輯出版了《美學雙峰》的學術討論紀念文集，文集主要收集了論述兩位美學家對中國美學之貢獻的文章，很多文章也對兩位美學家進行了比較研究。

鄧以蟄與宗白華交往甚多，關於書畫的理論有著很多相同的和不同的觀點。20 世紀 20～30 年代，鄧以蟄與宗白華分別馳名於北方與南方學界，被稱為「南宗北鄧」〔註 27〕，不僅因為宗白華和鄧以蟄早年都在西方留學，引進了西方的學術方法視角對中國傳統藝術進行科學的分析與體認，更因為二人就藝術之生命性靈方面及「氣韻生動」有非常多相似的論述。宗與鄧都重視藝術本體論，鄧以蟄強調藝術的「超功利性」，從哲學的高度觀照藝術，他認為藝術是源於「性靈」的創造，這與宗白華認為活潑潑「生命」是藝術的源泉是一樣的。另外相比較於朱光潛更關注「詩學」，宗白華與鄧以蟄更關注繪畫、書法、雕塑等造型藝術。

宗與鄧關於書法的理論有很多相似之處，宗白華在文章中也提到自己與鄧以蟄同在北京大學工作時，常常一起欣賞鄧以蟄的五世祖鄧石如〔註 28〕的書法作品，宗白華在集中論述書法之美的《中國書法裏的美學思想》中還長段引用鄧以蟄《書法之欣賞》中的觀點。宗與鄧對書法的理解在有共通之處的同時也存在著各自的獨特看法：共通之處在於二人都認為書法在本質上都追求意境美，不同之處在於宗白華認為書法追求的是「情感生命」的意境，而鄧以蟄認為是一種「心靈自我表現」的意境〔註 29〕。宗與鄧關於中國傳統的「書畫同源」也有著不同的認識，宗白華主要是從創造書法及繪畫的工具（毛筆、宣紙、墨水）之同和筆法的相通來論語「書畫同源」；而鄧以蟄堅持的是「字生於畫」，即認為書法與畫的產生有一個先後的關係，甚至很多字的繪畫意味依然有保留，鄧以蟄是從文字發生學的角度來考察「書畫同源」問題的，如書中國的書法和繪畫有共同的源頭——河圖洛書、庖犧仰觀俯察所創「八卦」，倉頡作書史皇作圖、六書之象形。

〔註 27〕由於早期宗白華任教於南京大學，鄧以蟄任教於北京大學，地理位置上一南一北，因此被學界稱為「南宗北鄧」。

〔註 28〕鄧石如（1743 年～1805 年），初名琰，字石如，清代著名書法家、篆刻家，清代書法隸法入篆的發起人，從他開始，篆書書法一改之前對李斯鐵線體的追崇，開始強調毛筆的筆意特點。

〔註 29〕唐善林：《「情感生命」與「心靈自我」，宗白華與鄧以蟄書法美學思想之比較》，《求是學刊》，2014.04。

　　宗與鄧都重視「氣韻生動」，生命是有節奏，有脈動的，有高低起伏，韻律就是借助藝術形式的方式來揭示生命的律動，兩者都認為「氣韻生動」是中國藝術發展將最終導向的生命追求，生命是中國藝術的本體。但宗白華將「氣韻生動」的基本內涵總結為生命的律動，源於《易經》中的陰陽二氣，是繪畫創作的最高追求；而鄧以蟄認為「氣韻生動」是藝術最高的原理和法則，他認為「氣韻」出於形似而超越形似的物質層，由工藝設計之「靜」到繪畫所表現的「動」，再到動物的「生動」，人物的「氣韻」，再到達山水的「氣韻生動」〔註30〕。鄧以蟄最初在《國畫魯言》〔註31〕中使用「氣韻生動」一詞時所強調的是中國畫家之意在筆先，即下筆之前意象早已成竹在胸，動筆之時即一氣呵成，這與西洋畫家能夠在畫布上不斷塗抹修改不一樣；而宗白華對「氣韻生動」的理解從藝術的形式上升到了哲學的高度，宗白華從中國畫重空白，「空白處乃非真空，乃靈氣往來生命流動之處」〔註32〕，到老子的虛無境界及莊子的獨與天地精神往來，最後將「氣韻生動」上升到宇宙生命的創化之中。

　　方東美與宗白華都注重融合中西思想資源，重視「生命」，方東美的生命觀將生命最終歸結為「愛的精神」，將愛視為藝術、人生、宇宙的本體。宗白華與方東美的生命美學都以中國的形上學為根源，從生命的本體出發，代表著一種中國哲學的真精神，同時又與西方現代哲學遙相呼應〔註33〕。方東美與宗白華都還是「詩人哲學家」（Philosopher-poet），方東美有《堅白精舍詩集》，宗白華有《流雲》小詩，因此他們倆的哲學本質上都是一種詩化哲學。宗白華在他於 1945 年撰寫的《中國藝術三境界》一文中提出了藝術之寫實境界、傳神境界和妙悟境界，傳神境界即要傳達出所描寫對象內在的神韻與生命精神；而方東美認為藝術起源於生命，「普遍生命」是人類藝術創作與美的欣賞源泉，他對美的表述可以由「形上之美、形下之美和藝術創造之美」〔註34〕三部分組成：「形上之美」是普遍生命在創造活動中呈現出

〔註30〕張澤鴻：《宗白華與鄧以蟄的藝術學思想比較》，《貴州大學學報（藝術版）》，2012.01。

〔註31〕湯擁華：《氣韻生動：在鄧以蟄與宗白華之間》，《文藝理論研究》，2007.05。

〔註32〕宗白華：《宗白華全集》（第 2 卷）〔M〕，合肥：安徽教育出版社，2016，45頁，《介紹兩本關於中國畫學的書並論中國的繪畫》，原刊登於《圖書評論》第 1 卷第 2 期，1932 年 10 月 1 日出版。

〔註33〕馬建高：《民初美學的引進及中國化歷程》，《社會科學輯刊》，2019.05。

〔註34〕李春娟：《宗白華與方東美對中國藝術結構的現代詮釋》，《合肥學院學報（綜合版）》，2019.01。

來的，貫注於宇宙萬物，無邊無聲無形，大美不言；「形下之美」是普遍生命賦予萬物的生命形式；「藝術創造之美」是藝術家為了詮釋形而上的生命精神而創造的各種藝術形式，方東美有言「一切藝術都是從體貼生命之偉大之處得來的」〔註35〕。

宗白華早期很多新詩的理論就是直接就郭沫若等人的詩歌實踐而生發的評論，如宗白華關於詩歌內容與形式的思考很多就直接源於對郭沫若詩歌的評論。宗白華欣賞郭沫若天才般的激情和爆發式的創作，認為郭沫若是真正符合他詩歌理想、以鮮活的生命本體為詩歌源泉的真正中國的新詩詩人，但同時也會指出郭沫若的詩歌有形式過於簡單化、隨意化、自由化的問題〔註36〕。《三葉集》更是宗白華、田漢、郭沫若三人就人生、事業、愛情、婚姻、詩歌創作等主題進行的思想交流。《三葉集》是研究田漢、宗白華、郭沫若早期思想和創作的寶貴資料，從他們的信中可以感受到他們三人才思的敏捷，感情的熾熱，青年人的率真，文筆的流暢，當時一經出版就引起了社會上極大的關注和青年們極深厚的閱讀興趣，多次重印。在《三葉集》收錄的信中，三位青年人都表達了對歌德的崇拜以及對詩歌創作的強烈興趣，如同歌德與席勒的通信在德國文化史上有著重要的地位，宗白華、田漢、郭沫若三人的通信也是窺見「五四」時期青年思想風貌的出色樣本。

又如宗白華走向藝術，尤其重視繪畫理論，跟徐悲鴻也有著深刻的關係。宗白華赴德國留學的中途在巴黎結識了當時在巴黎學畫的徐悲鴻，徐悲鴻將宗白華引入了藝術的殿堂，帶著宗白華參觀了巴黎的各大博物館、美術館，宗白華在巴黎飽受藝術薰陶之後，確定了自己學術重心的轉向。另外，宗白華關於中國畫尚簡的思考也直接受到了徐悲鴻的影響，宗白華直接在文章中引用徐悲鴻的觀點，言簡練是中國畫高造詣的表現：「傑作最現性格處在練。練則簡。簡則無乎華貴，為藝術之極則矣」〔註37〕。宗白華跟徐悲鴻都認為簡練是中國畫所要追求的最高境界，因為簡所指向的是那唯一的生命原理，簡練指向的是宇宙最高的法則。宗白華最為稱道徐悲鴻，也是因為徐悲鴻的畫作在簡練靜穆中體現出個性的真趣和生命力的流動。

〔註35〕趙旭傑：《方東美文藝美學思想研究》，山東師範大學碩士學位論文，2010。
〔註36〕宗白華：《宗白華全集》（第1卷）〔M〕，合肥：安徽教育出版社，2016，第214頁，原出自《三葉集》，1920年出版。
〔註37〕宗白華：《宗白華全集》（第2卷）〔M〕，合肥：安徽教育出版社，2016，第50頁，《徐悲鴻與中國繪畫》，原載《國風》1932年第4期。

　　由上述分析可知，宗白華的思想與當時的其他學者有著非常豐富的對話和交流的關係，思想在對話中不斷成長成熟，互相促進、互相砥礪，十分能夠反映時代的精神與當時人們的精神面貌。本書用思想史的研究方法，對與宗白華同時代的諸多思想家的相關理論進行了考察，尤其重點考察了「五四」一代思想家所表現出的精神行為，及與此同時發生的社會思潮所反映出的精神行為的現實與後果。通過研究一些與宗白華緊密相關的美學家、思想家、哲學家及文人，以及某些思潮在社會上的傳播和影響，可以使得對宗白華某一具體思想的產生與發展的脈絡考察得更清晰。

三、文獻綜述

　　宗白華一生致力於美的追求與研究，誨人不倦，桃李滿天下。他以獨特的人格魅力和淵博的學識，吸引了眾多晚輩涉足美學領域，其《美學散步》更是成為了很多人的美學入門讀物。對宗白華的評論與研究甚至有了近百年的歷史，早在 20 世紀 20 年代末，胡適就曾經這樣評價過宗白華：「中國真正受過哲學訓練，懂得哲學的，唯宗白華、范壽康兩位。」〔註38〕哲學家馮友蘭在 20 世紀 40 年代對當時擔任《哲學評論》業餘編輯的青年哲學家馮契說：「中國真正構成美學體系的是宗白華。」〔註39〕1996 年《宗白華全集》〔註40〕出版後，人們得以從全局上把握宗白華的思想和精神，不僅關於宗白華的研究有了量的重大突破，很多學者、教授也能夠從不同角度分主題對宗白華的思想進行研究，就連學術泰斗季羨林在讀完《宗白華全集》後都得出結論：「宗白華的思想應當重新研究，宗白華在中國美學史上的地位要重新判定」〔註41〕。

　　早期關於宗白華的研究主要是一些評述性、綜合性的著作，如早在 20 世紀 80 年代美學熱期間，林同華就以一部《宗白華美學思想研究》〔註42〕向人們全面系統地介紹了宗白華的美學研究成果，使人們對宗白華的基本美學思想有了一個比較全面清晰的瞭解。鄒士方則運用採訪、調查及拍照等方式，

〔註38〕王德勝：《宗白華評傳》，商務印書館，2001，第 154 頁。
〔註39〕林同華：《宗白華美學思想研究》，遼寧教育出版社，1987，第 14 頁。
〔註40〕《宗白華全集》的主編為林同華，他是宗白華在北京大學哲學系招收的中國美學史方向的唯一一名研究生，從宗白華晚年跟林同華的通信中，宗白華多次提到林同華在整理全集時的用心，稱他收集到了很多宗白華早期發表的、甚至連他自己都忘記了的文章（見於全集第三冊，第 586～591 頁，《復林同華函》）。
〔註41〕王德勝：《宗白華評傳》，商務印書館，2001，第 191 頁。
〔註42〕林同華：《宗白華美學思想研究》，遼寧人民出版社，1987 年出版。

獲得了很多宗白華的第一手資料，其《宗白華評傳（上、下）》〔註43〕中保留了非常多宗白華的珍貴照片及宗白華手跡的照片。1984 年，鄒士方和王德勝在《文藝研究》上發表文章《宗白華美學思想初探》，文章從「美學對象」、「美感」、「藝術美」和「美學研究的方法」四方面概括宗白華美學思想，介紹了宗白華在美學研究領域的貢獻。1986 年王德勝和鄒士方再度撰文《宗白華美學思想再探》，該文發表在《社會科學戰線》上，兩位作者認為要想深刻理解宗白華的美學思想，就要瞭解他的人生態度、品格和他的哲學思想。

王岳川主編的《宗白華學術文化隨筆》〔註44〕中，宗白華的著述和理論被清晰地分作「人生篇」、「美學篇」和「藝術篇」三部分，《宗白華學術文化隨筆》的三個部分選文精練，能夠很好地讓人們框架分明地體會宗白華先生在多個領域的貢獻。「人生篇」中的選文讓人們樹立對中國文化的信心，鼓勵青年們超然樂觀，追求豐富的藝術的、哲學的生活，並鼓勵青年們以一生積極進取、具有高漲人生情緒的歌德作為榜樣。「美學篇」從宗白華關注的美學研究對象和研究方法起，強調了「形式」對於藝術的重要意義，闡發了魏晉瀟灑超然的時代美感，還深刻地闡釋了中國特有的書法藝術的美學思想。在「藝術篇」中，宗白華用自己的生活實例，倡導推崇一種藝術化的生活。王德勝〔註45〕的《宗白華美學思想研究》從宗白華的「生平」（經歷、理論取向、學術風格）、「藝術審美理論」（抓住了生命、運動、意境、新詩幾個關鍵詞）、「人生審美理想」（歌德的自強不息、生活的藝術化、超然的散步）以及宗白華在中西比較美學做出的貢獻入手，總結了宗白華哲學、美學和藝術理論研究的一生。

在眾多關於宗白華的研究中，本書重點考察了跟「生命美學」相關的研究，根據本書論述的重點，將前人的研究歸納為以下幾個方面：一、宗白華生命美學思想淵源；二、宗白華美學分期的研究；三、關於「生命」內核與「意境」的研究；四、宗白華美學中藝術與生活的研究。

（一）學術界對宗白華生命美學思想淵源的研究

彭鋒的《宗白華美學與生命哲學》（2000）〔註46〕一文可以視為宗白華生

〔註43〕鄒士方：《宗白華評傳》，西苑出版社，2013 年。

〔註44〕王岳川主編：《宗白華學術文化隨筆》，中國青年出版社，1996。

〔註45〕王德勝：《宗白華美學思想研究》，山東大學出版社，2003。

〔註46〕彭鋒：《宗白華美學與生命哲學》，《北京大學學報（哲學科學版）》，2000 年第 2 期。

命美學研究的奠基之作，其點明了西方和東方的生命哲學皆為宗白華美學的潛在深刻基礎，並指出宗白華美學中的生命本體是中國哲學中的「生動」，而不是西方哲學中的「運動」。彭鋒認為正是東西方的思想基礎決定了宗白華用「散步」作為其美學的方法論形態（內容決定形式）；彭鋒的這篇文章明確地點出了中西生命哲學對宗白華美學的基礎性作用十分具有啟發性，但其將「散步」歸為一種宗白華美學的方法論本書認為值得進一步討論，因為「散步」是宗白華在晚年才呈現出來的一種態度，跟當時的政治環境、社會因素緊密相關，其早年激進的憂國憂民的態度和中年的一系列學術寫作並未呈現出「散步」的樣態。

　　張愛武的《宗白華生命美學研究》（2002）〔註47〕認為宗白華的生命美學成功融合了西方的和中國的生命哲學，張愛武將西方的生命本體界定為一種潛在的、處於理性下層的生命力，認為這是宗白華人生觀的思想基礎；張愛武還詳細梳理了中國傳統生命哲學之作為本體之「生」在先秦及後世的發展，指出「生」是宇宙萬物的基本存在形式，點明中國哲學重「生」其實是一以貫之的，生命文化本來就是中華文明的根基，因此宗白華的生命美學本來就屬於中國哲學的傳統之下。張愛武將宗白華的生命美學放到整個中國哲學流變的歷史中進行考察十分具有歷史發展的眼光和說服力，並且在宗白華對西方的和中國的生命哲學的吸收方面採取的是不偏不倚的中庸態度。

　　雲慧霞的《宗白華美學與德國生命哲學》（2003）〔註48〕將宗白華的生命美學非常具體地跟德國生命哲學中的代表人物之一的狄爾泰聯繫了起來，認為狄爾泰的「藝術、體驗、生命」三者關係影響了宗白華的生命與藝術觀。狄爾泰認為人是借助體驗和藝術的感性的方式使得一個生命進入另一個生命，達到生命的接通，這直接影響了宗白華關於「同情」的論述；並且雲慧霞指出宗白華認為藝術家的生命由三部分組成（遺傳的稟賦、過去的經歷和當前的經歷）跟狄爾泰的體驗具有相同的所指。雲慧霞將宗白華的美學思想定義為一種以生命哲學為基礎的「體驗美學」，並且認為中國傳統生命哲學對宗白華的影響始終是最主要的，聲稱宗白華首先是一位「中國式的生命哲學家」。雲慧霞的對影響論的研究能夠落實到具體的哲學家、具體的對應理論上，這樣的細緻比起泛泛而談顯得深刻得多，十分具有說服力，這啟示本書在做影

〔註47〕張愛武：《宗白華生命美學研究》，河北師範大學碩士學位論文，2002。
〔註48〕雲慧霞：《宗白華與德國生命哲學》，《求是學刊》，2003 年第 3 期。

響論的時候也應該努力做到這樣的「對接」；不過，本書認為與其像雲慧霞認為的宗白華首先是「中國式的生命哲學家」，倒不必一定給宗白華一個「中國的」或者「古典的」這樣一些標籤。

李紅梅的《宗白華與西方生命哲學》（2004）〔註49〕認為宗白華的美學思想是對西方生命哲學的一種本土化吸收轉化。李紅梅指出在 30 年代後雖然西方生命哲學的內容鮮被宗白華提及，但是其潛在對宗白華的影響更深沉了。如李紅梅舉例說宗白華在《易經》中解讀到的「天行健，君子以自強不息」與西方生命哲學的「動」形成的是一種共鳴的關係，她還認為宗白華將西方生命哲學的「創化論」跟《易經》的「陰陽二氣化生萬物」結合了起來，達到了一種西方文化與東方文化各盡其美，互相融合的境界。

李冰封在其《宗白華生命美學的底蘊》（2008）〔註50〕一文中提出相較於西方生命哲學的傳統，中國傳統的人文意識對宗白華的影響更為深遠，擁有良好家學淵源的宗白華由於受「天人合一」思想的影響，從幼年起就對宇宙人生懷有「大同情」。李冰封認為宗白華的生命美學與西方的生命美學有根本區別，言西方生命美學建立在主觀唯心主義上，宗白華的生命美學則是以實踐論為根基的唯物辯證法的世界觀等。宗白華的生命美學思想到底源起何處、受哪種思想到何種程度是值得思考的一個問題，但李冰封認為宗白華的生命美學是以實踐論為根基的唯物辯證法的世界觀卻是與宗白華自己的說法不符，宗白華稱自己始終是一個唯心論者，他相信「在人生上和歷史上，人的精神傾向，有絕大的勢力。」〔註51〕

姜勇在他的文章《論宗白華生命美學的本土環境》（2006）〔註52〕中提出宗白華的生命哲學是應歸於中國「現代新儒學」源流之中的，因為宗白華的生命美學跟其他現代新儒學思想家有著同樣的學術旨歸，都是希望通過文化恢復中華民族生命力，並且宗白華生命美學跟其他新儒學思想家有著類似的路徑，都是以先秦儒家和宋明理學為研究對象。姜勇通過比較的方法，對比中西形上學的異同，最後將生命上升到本體的高度。另外，姜勇還在他的文

〔註49〕李紅梅：《宗白華與西方生命哲學》，《青海師範大學學報（哲學社會科學版）》，2004 年第 3 期。

〔註50〕李冰封：《宗白華生命美學的哲學底蘊》，《文學教育》，2008.02。

〔註51〕宗白華：《藝境》，商務印書館，2011，第 37 頁，《樂觀的文學》，原載於 1922 年 10 月 2 日《時事新報·學燈》。

〔註52〕姜勇：《論宗白華生命美學的本土環境》，《華夏文化論壇》，2006。

章《宗白華美學與現代新儒學》（2018）〔註53〕中將宗白華的思想與另外幾位新儒學的代表方東美、牟宗三等人進行比較論述，指出了宗白華生命哲學的一種由外向內的轉向，從早期受西方生命哲學外在進取激發到後來的對中國傳統的內在生命哲學內在超越的回歸。

屈小娥在其論文《宗白華生命美學研究》（2010）〔註54〕、《追尋宗白華生命美學的哲學底蘊》（2010）〔註55〕中認為宗白華有一種「返本求新」的態度來吸收西方文化，認為宗白華研究西學是為了更好地以新鮮的眼光和開闊的思維來重新審視中國傳統文化，雖然長期從事中西文化的溝通與融合研究，其思想的立足點卻始終在中國現實的土地上。另外，屈小娥認為宗白華對中國古典生命精神的闡揚是與對西方生命表徵的批判同時展開的。本書認為宗白華的「轉向」有其深刻的社會歷史原因，並沒有在他早年接受教育之前就已經有了一個「學西返中」前設；另外宗白華對西方的和中國傳統生命思想的吸收、對西方與中國傳統藝術的比較研究，本書認為宗白華並未做主次、中心與邊緣、讚美與批判的一種區分，他持有的是一種中西思想文化各美其美，美美與共的非常中道智慧的觀點。

綜合以上各家的觀點，西方的生命哲學和中國傳統的生命哲學都對宗白華產生過深刻的影響是共識。但是各位研究者在本末、體用方面產生了分歧，多數研究者秉持著「中體西用」的基本出發點，認為中國傳統的生命觀是宗白華生命美學的根本，西方的生命美學起到的是一種觸發的作用。本書認為宗白華在吸取傳統的生命資源與西方的生命哲學時，並沒有用一種區別的眼光，所謂大智不割，我們在研究的時候也沒有必要一定區分出本末，而應該像雲慧霞那樣能夠更具體地提出影響源，落實到具體的哲學家和哲學文本上去，這樣會讓我們對宗白華的思想有更深刻的認識。

（二）對生命美學的分期問題研究

劉小楓在《湖畔漫步的美學老人——憶念宗白華師》（1988）〔註56〕中指出早年擔任《少年中國》主編時期的宗白華對舊中國、舊文化持非常尖銳的

〔註53〕姜勇：《宗白華美學與現代新儒學》，人民出版社，2018。

〔註54〕屈小娥：《宗白華生命美學研究》，西北大學碩士學位論文，2010。

〔註55〕屈小娥、馬永寬：《追尋宗白華生命美學的哲學底蘊》，《文學教育》，2010.04。

〔註56〕劉小楓：《湖畔漫步的美學老人——憶念宗白華師》，《讀書》，1988 年第一期，113 頁。

批判態度；旅歐留學時代的宗白華則醉心藝術，徘徊於歐洲各大博物館和藝術館中，如饑似渴，步履匆匆；學成歸國後的宗白華開始了中西文化比較的探索；晚年的宗白華則改宗了「散步」哲學。劉小楓讚揚了宗白華在晚年面對價值的毀滅和顛倒的文革時所表現出的超然態度和非凡的「散步」勇氣，稱宗白華的身影跟叱吒風雲的政治人物相比雖然顯得很單薄，但卻永遠正直、親切、誠摯。劉小楓的四分期法非常具有啟示作用，把握住了宗白華在不同時期的關注重心，但劉小楓的分期只提出了一個大致的輪廓和框架，有待進一步詳細化。

呂光明〔註57〕在其《試論宗白華散步學派的美學風格》（1989）一文中重點關注了從 1932～1949 年這 18 年時間，稱這是宗白華美學生涯的第一個創造期，很多集中反映宗白華美學思想的文章如《中國藝術意境之誕生》、《論文藝的空靈與充實》、《中國詩畫中所表現的空間意識》、《論中西畫法的淵源與基礎》都寫於這個時期。呂光明敏銳地點出了宗白華創作相對集中的年份，但將其視為宗白華美學生涯的「第一個」創造期有待討論，而且呂光明並沒有在後文中提出「第二個」、「第三個」創造期，所以將這個時期定為「第一個」創造期顯得有些孤立。若按此種說法 1932 年之年的宗白華寫作便不屬於美學生涯有些不妥，雖然如何界定宗白華的美學生涯可以商榷，但寫於 1920 的《看了羅丹雕刻之後》是美學寫作是無可非議的。

王岳川在其《未名湖畔的散步美學家》（1996）〔註58〕一文中則將宗白華的生平分為三個時期：青年的哲學詩人（1897 到 20 世紀 20 年代）、中年的體驗美學家（20 世紀 30 年代至 20 世紀 50 年代）、晚年的散步哲學家（20 世紀 60 年代至 1986 年）。王岳川的這種有主題性、有具體時間節點的分期法對本書具有模範性作用，本書將在此基礎和方向上進行深入。

彭鋒的《宗白華美學與生命哲學》（2000）〔註59〕一文明確地以 30 年代為界限，指出 30 年代之前宗白華把「生命」理解為一種西方生命觀外在的創造活力，30 年代後宗白華則把「生命」理解為中國生命觀內在的生命律動，而宗白華的生命本體是中國哲學中的「生動」，而不是西方哲學中的「運動」。

〔註57〕呂光明：《試論宗白華散步學派的美學風格》，《內蒙古社會科學》，1989 年第3 期。
〔註58〕王岳川主編：《宗白華學術文化隨筆》，前言，中國青年出版社，1996。
〔註59〕彭鋒：《宗白華美學與生命哲學》，《北京大學學報（哲學科學版）》，2000 年第 2 期。

韓君君在其論文《宗白華美學中的「生命觀」研究》中〔註60〕也提出了宗白華對「生命」的認識有一個從西方到東方的轉變，可以從30年代為界分為兩部分，前期對「生命」的認識偏西方和表層，其可以歸結為一種人生觀方面的進取、活力和動，後期宗白華對「生命」的認識則由藝術為載體，深入到一種「氣韻生動」、「天人合一」的宇宙觀當中。以30年代為界將宗白華的美學分為前後兩期的論斷很敏銳，點明了宗白華美學在不同時期的關注重點，但本書認為宗白華不同時期的美學思想並沒有明確的斷裂，其生命美學思想體系建立之後便不斷豐富擴展，後期在前期的基礎上有重大的轉向、擴展和深化。

王有亮的《徘徊於審美與啟蒙、傳統與現代之間》（2003）〔註61〕一文中認為「五四」、「新文化」時期的宗白華具有的是一種審美功利主義的態度，他當時的思想屬於中國整個啟蒙思潮的一部分，當時的他積極入世，擔任新文化出版物的編輯和主要供稿人，力圖用美學來改造中國國民性。王有亮只重點論述了宗白華青年時期的美學取向，用他的這種早期的審美功利主義取向跟鄧以蟄的審美自主性主義取向作比較。但王有亮的這種審美功利性和審美自主性的區分似乎也可以用於宗白華不同時期的美學取向概述。如果說早期宗白華的是積極入世，將學術跟政治跟社會緊密聯繫是一種審美功利主義，那麼後期宗白華的美學轉向藝術、轉回中國傳統及晚期的「散步」哲學的時期則歸為審美自主性，是一種對審美功利主義的超越。

王進進在其論文《宗白華美學思想述評》（2005）〔註62〕中明確以1932年為界，將宗白華的美學思想分為前後兩期。1917年發表《蕭彭浩哲學大意》～1932年為萌芽期，宗白華關注的是青年人生觀問題，以創造和進化為主要關注點；1932發表《介紹兩本關於中國畫學的書並論中國的繪畫》、《徐悲鴻與中國繪畫》——四十年代為成熟期，此時期宗白華以藝境為核心，以時空問題為紐帶，思想根源由西轉中，關注點由直接關注人生轉向藝術。王進進對具體時間年份和代表作的提出很有典範性意義，但應該做更細緻的劃分，因為宗白華從1920年發表《看了羅丹雕刻之後》其美學的重點就開始轉向藝

〔註60〕韓君君：《宗白華美學中的「生命觀」研究》，山西師範大學碩士學位論文，2013。

〔註61〕王有亮：《徘徊於審美與啟蒙、傳統與現代之間》，《福建論壇‧人文社會科學版》，2003年第1期。

〔註62〕王進進：《宗白華美學思想述評》，浙江大學博士學位論文，2005。

術了，因此本書認為 1920～1932 可視為成熟期。

　　姜勇在他的文章《論宗白華生命美學的本土環境》（2006）〔註63〕中認為宗白華的《形上學》標誌著他學術研究的根本轉向，宗白華在此篇中總結出中國形上學（哲學）的音樂化的特徵，中國的哲學來自感性的人生，來自對生命至動而有條理的體驗，達成的是一種動態的和諧——中正。但關於《形上學》具體寫於哪一年是存在爭議的，林同華對其的注釋中稱其大約寫於 1928年至 1930 年，但在《形上學：中西法象之不同》中宗白華引用過電影《摩登時代》：「無情無表現，純理數之機器漠然，惟有利害應用之關係，以致人為機器之奴。更進而人生生活機械化，為卓別林之《摩登時代》諷刺之對象！」〔註64〕《摩登時代》上映於 1936 年，因此也有人判斷《形上學》應該是寫於1936 年之後。雖然《形上學》的寫作年份不能確定，但姜勇以宗白華所作的具體的文章所探討問題的不同來作為一種轉向和分期的標誌具有說服力和參考價值。

　　湯擁華的《方東美與宗白華生命美學的「轉向」》（2007）〔註65〕一文認為宗白華跟方東美都在 20 世紀 20 年代末到 30 年代初的這幾年進行了研究的轉向，開始重點進行中西哲學比較研究，主要依託藝術作品的比較，尤其是藝術作品所表現的時間和空間感進行論述，努力探測中華民族特殊的心靈結構。湯擁華抓住一特定時期宗白華對特定範疇「時空」的關注來談論宗白華學術的「轉型」，「時空」作為哲學研究的基本問題，也是人們世界觀的重要部分，的確是宗白華美學的一個重要抓手。湯擁華的研究啟示著本書在研究宗白華美學時應從一些特定的範疇入手，以更立體地呈現其美學思想。

　　王一川在其文章《德國「文化心靈」論在中國——以宗白華「中國藝術精神」論為個案》（2016）〔註66〕中，以「中國藝術精神」為主線將宗白華的學術生涯分成了三個時期：精神文化啟蒙、中西文化反思和文化美學比較。王一川以 1917 年至 1920 年為宗白華精神文化啟蒙時期，指出這時期宗白華

〔註63〕姜勇：《論宗白華生命美學的本土環境》，《華夏文化論壇》，2006。
〔註64〕宗白華：《宗白華全集》（第 1 卷）〔M〕，合肥：安徽教育出版社，2016，第
　　　　592 頁，《形上學：中西法象之不同》。
〔註65〕湯擁華：《方東美與宗白華生命美學的「轉向」》，《江西社會科學》，2007.01。
〔註66〕王一川：《德國「文化心靈」論在中國——以宗白華「中國藝術精神」論為個
　　　　案》，《美學研究》，2016 年 3 月，第 53 卷第 2 期。

積極參與新文化運動，用西方的思想精神照見中國的新文化運動，他這時期關注的「精神」是人類普遍的精神，而非中國文化的獨特精神。王一川將宗白華留德五年到 1931 年歸為中西文化反思時段，歸納此時期宗白華學術的重點在於用中西比較的視野返觀中國藝術與文化精神。王一川將從 1932 年起到 1949 年時段歸為文化美學比較時段，他指出抗日戰爭的民族危機促發了宗白華的民族文化自覺意識，此時期宗白華對「中國藝術精神」的思考已經明朗化和專注化。王一川抓住「精神」這個從德國哲學、尤其是黑格爾哲學借用而來的範疇來闡釋宗白華的美學思想，並且用具體的時間年份來對宗白華進行學術分期，脈絡清晰，啟發著本書以一個更有概括力的「生命」範疇，盡可能多地將宗白華的學術年份囊括在內，建立一個時間跨度更大的框架。

葉凱在其論文《宗白華散步美學研究》（2019）〔註67〕中點出 50 年代起宗白華的聲音幾乎在學界「消失」了，在 50 年代的美學大討論中，他既不參與美學的爭論，也不熱衷美的本質問題的討論。因為從那時候起，美學淪為了政治的工具與附庸，美學大討論這場原本的學術論爭，很快演化成為了政治路線與階級屬性的分野；而到了 60 年代，政治全面控制了文藝，馬克思主義唯物論和階級論成為了美學研究唯一可行的模式，到這樣的背景下，宗白華離開了紛擾的話語場，成為了遠離名利政治場的未名湖畔的散步老人。葉凱提出宗白華做出這樣的選擇和舉動半是自願、半是被時代所迫。葉凱用當時名聲大噪的李澤厚的美學跟宗白華的美學作比較，將李澤厚的美學歸納為「演說」美學，「演說」總是發生在廣場，而「散步」選擇的是通幽的小徑。葉凱的這個比較很生動，將李澤厚的馬克思主義實踐美學歸為廣場上的「演講」美學，這跟古代希臘代表著政治生活中的「廣場」〔註68〕聯繫了起來，突顯了宗白華選擇未名湖畔散步的超然。

綜合本節論述可以看出宗白華的學術重心在不同時期的轉變是一個顯著的、並且值得探討的議題，前人的研究多以 30 年代為界，採用「西學—中學」兩分法，這種「兩分法」和一些學者提出的三分法的也有簡單化的傾向。一

〔註67〕葉凱：《宗白華散步美學研究》，浙江工業大學碩士學位論文，2019。
〔註68〕「廣場」是古希臘城邦生活的中心，如巴赫金的論文《小說的時間形式和時空體形式》中，對古希臘古羅馬的「廣場」、「廣場體」的論述非常精彩，他說「古希臘羅馬的廣場，本身便意味著國家（而且指整個國家，包括所有的機構、全部科學、全部藝術；而來到這廣場之上的，是全體民眾）」。

些特定的年份和一些具有代表性意義的發表文章在宗白華的學術生涯中具有里程碑似的意義值得引起重視。本書在前人研究的基礎上，將宗白華生命美學劃分為萌芽期、建立期、民族化時期和深入期四個具體的時段，不僅對四個時期進行了不同的命名，還提出了具體的界定年份，陳述了分期的具體原因，呈現出宗白華不同時期所撰寫的具有代表性的文章、提出的不同觀點，宗白華的美學思想在不同時期呈現出不同的特點與風格源於不同的社會歷史背景。分期研究有利於人們去思考宗白華的學術重心發生轉變的原因，很多時候宗白華發生轉變的動機更能夠反應出他的追求和人格。宗白華面對不同的問題而必須用不同的方式去應對，但本書認為宗白華的生命美學歷程是沒有明顯的斷裂的，他都是為了實現復興民族生命活力這個不變的目標而不斷調整自己的方式方法。

（三）對生命美學形態和意境的研究

呂光明〔註69〕在其《試論宗白華散步學派的美學風格》（1989）中用「流動美學」來概括宗白華的美學思想，以「流動」為宗白華美學的核心。呂光明認為宗白華對羅丹雕塑所表現的「動」的高度讚美、對謝赫「氣韻生動」的推崇、對「道」、「舞」、「空白」闡釋，都展示出一種「美在流動」的思想，並且宗白華的流動美學跟他的散步風格互為表裏。呂光明在1989年就對宗白華的美學思想有了整體性的把握並且創造性地領先提出「流動美學」的觀念，十分具有開拓性，其文章以「流動」統率全篇，「流雲」也是宗白華從小就喜歡關注的自然現象，還以《流雲》作為自己詩集的名稱，「流動」既能較好地反應出宗白華行雲流水的風格，又是宗白華自身所重點關注的內容。

唐莉在其《二元關係·生命美學·自由精神——論宗白華散步美學的潛邏輯體系》（2005）〔註70〕中提出「二元關係」是宗白華生命美學的邏輯框架，並且重點分析了陰陽、時空、動靜、物我（造化與心源）、虛實、風骨、繁簡（錯彩鏤金與出水芙蓉）等多對二元關係，言宗白華正是通過這些二元關係構建起了自己的生命美學，並且生命美學最終指向自由的精神。唐莉很好地提取了宗白華生命美學中的多組具有二元關係的理論範疇，有利於人們更便

〔註69〕呂光明：《試論宗白華散步學派的美學風格》，《內蒙古社會科學》，1989年第
3期。

〔註70〕唐莉：《二元關係·生命美學·自由精神——論宗白華散步美學的潛邏輯體
系》，《天府新論》，2005.6。

捷地理解宗白華的思想核心，但最後將宗白華的生命美學歸結為「自由精神」，在行文的邏輯上具有了斷裂性，唐莉也沒有在文章中詳細地給「自由精神」以明確的界定。

韓模永在其論文《「藝境」別解——從〈流雲〉之「流」看藝境》（2005）〔註71〕中以「流」為關鍵詞闡述宗白華的美學思想，指出「流」即是一種動象，其不僅有時間的流動，也有空間的流動，韓模永從宗白華的詩歌中提取了很多流動性的自然物——「自然之流」，還有「生命之流」的意象，並且認為宗白華將音樂視為藝術的最高境界就源於音樂的流動性，由於「流」動，自然與生命達到完滿結合併且最終通向音樂的境界。韓模永在論文中提到之所以選用「流」作為關鍵概念源於他反對很多人選擇「雲」作為闡釋宗白華詩集和美學的做法，他認為無論在精神內核上還是出現頻率的統計上，「流」其實都超過了縹緲的「雲」。與前文提到的呂光明類似，韓模永用宗白華詩集標題中的「流」做為精神主線對其詩歌創作和美學思想進行研究，將宗白華的時間研究、空間研究、自然研究、生命研究、音樂研究用流動性聯繫了起來，形成了一個相互關聯的自恰概念體系，值得借鑒。

高蕊〔註72〕（2009）認為宗白華的美學就是一種切入生命的「動感美學」，其內核為生命的「律動」，美所表現的是生命內部最深的動，是至動而有條理的生命情調，宗白華在評論各類藝術時的黃金標準就是其能否表現生命的律動。屈小娥在其論文《宗白華生命美學研究》（2010）〔註73〕中認為宗白華將宇宙真相視為生命本體，而自然、藝術、人生都可包括在宇宙大生命的律動當中。生命的律動是宗白華美學與藝術理論的核心。類似的，智小平的論文《宗白華美學思想的生命觀》（2010）〔註74〕將宗白華的美學歸為自然的生命活力論，提出生命之美在三個方面：自然、運動和形式，生命源於自然，在運動中呈現，在形式中達到和諧。「動」是宗白華重點談論的範疇，其本身就是哲學的基本問題，從「運動」到「律動」再到「生動」，宗白華關於「動」的思考也是不斷深入的。

〔註71〕韓模永：《「藝境」別解——從〈流雲〉之「流」看藝境》，《宿州學院學報》，2005年10月。

〔註72〕高蕊：《生命律動——論宗白華美學研究的核心》，《遼寧師專學報》，2009.05。

〔註73〕屈小娥：《宗白華生命美學研究》，西北大學碩士學位論文，2010。

〔註74〕智小平：《宗白華美學思想的生命觀》，內蒙古大學碩士學位論文，2010。

　　佀同壯在他的《生命之「動」──宗白華與莊子美學的現代進程》(2010)
〔註75〕一文中指出宗白華生命美學中的「動」其實是一個相對具有現代精神
的一個概念，而「靜」其實承載著更多中國傳統文化的生命，在關注宗白華
生命美學「動」的同時，我們不能忽視宗白華「靜」的文化底色。如宗白華所
經常提及的「靜觀」、「靜照」等直接與「靜」相關，他所重視的「空白」、「無」，
也可以歸入「靜」的文化底色，深沉的靜是飛躍之動的源泉。佀同壯認為「靜」
的境界承載得最多的是道家的思想，尤其具有莊子的品格，而莊子正是宗白
華非常鍾愛的文化祖先。在大多數研究宗白華生命美學的文章強調「動」之
時，佀同壯能夠反其道而行之提出「靜」，很具有思想創新意識，能夠在眾多
研究中獨樹一幟。佀同壯將「靜」歸結為中國傳統文化的特色，把「動」歸為
現代向度，稱宗白華生命美學就是因為揉和了古代審美與現代觀念，因此能
夠被廣泛接受。

　　王婧（2013）〔註76〕認為對宇宙生生不息生命力與內在氣韻的追求是宗
白華生命美學思想的內核，宗白華生命美學思想所體現的強烈的生命意識是
一種對生命的創生、變化及律動的高度自覺。果海富〔註77〕（2016）也將宗
白華的生命美學之內核歸結為一股「活力」，稱這不可思議的「活力」又是一
種「生命的節奏」，普遍存在於自然、藝術、人生當中，這是宇宙生命的最大
秘密，果海富認為宗白華生命美學的落腳點在於生活的藝術化，實現人生的
境界的提升及圓滿融通。王婧和果海富將生生不息的自然「活力」歸結為宗
白華生命美學的內核，這股「活力」不僅是宗白華所指的生命活力，正是這
樣的一種「活力」使得世界得以運轉。

　　劉萱〔註78〕（2013）指出「生命」在宗白華美學思想中不是生物意義上
的生命，而是一個內涵豐富的哲學範疇，它源於現實世界又超越現實世界，
直抵精神，美的本質就在於自由生命的創化。宗白華比較了「芙蓉出水」和
「錯彩鏤金」兩種不同美感的類型，並且更推崇出水芙蓉的樸素自然，認為
這是一種旺盛生命力的自然流露與迸發，與《易經》賁卦中的「白賁」之美相
通，絢爛之極而歸於平淡。可見劉萱認為宗白華生命美學體系中的「生命」

〔註75〕佀同壯：《生命之「動」──宗白華與莊子美學的現代進程》，《湘潭大學學
　　　　報》，2010.03。
〔註76〕王婧：《〈美學散步〉中的生命美學思想探討》，《美與時代》，2013.06。
〔註77〕果海富：《宗白華生命美學研究》，河北大學碩士畢業論文，2016。
〔註78〕劉萱：《自由生命的創化──宗白華美學思想研究》，遼寧人民出版社，2013。

是一種創造力，藝術之美源於生命的這種創造，這種創造如同上帝的創化那般充滿奇蹟，無處不在，永恆存在。

李丹的《〈流雲〉：「動象的表現」之「宇宙詩」》（2013）〔註79〕認為「動象的表現」是宗白華生命美學的核心，「動象」不僅是藝術的秘密，也是人生和宇宙的秘密，因此藝術表現「動象」即是探入了宇宙人生的核心，具有了由「真」入「美」的境界，李丹還舉出很多宗白華自己所創作詩歌的例子來說明宗白華在藝術實踐中對「動象」的追求。李丹將宗白華重視的「動象」視為人生與宇宙的普遍規律，並且用「動象」將藝術和人生宇宙很好地聯繫起來，構成一個相互促進的不斷生發的理論體系。

曾繁仁〔註80〕（2014）認為「氣」是宗白華生命美學的本體，「氣」源於《易經》的「陰陽二氣生萬物」的宇宙觀，也是莊子所說的「氣積」——天地間一切物體可以說都是一種「氣積」，生生不已的陰陽之氣織成有節奏的生命。「氣」是一個非常具有東方美學形態的範疇，曾繁仁指出它可以作為中國美學相對穩定的核心範疇來對抗中國學術的「失語症」，但關於「氣」的分析和使用，宗白華主要將其用於分析中國畫的「氣韻生動」，並未將「氣」貫穿在其所有的研究領域，「氣」確實是宗白華生命美學的重要層面，也是一個非常具有中國文化特色的範疇，但將「氣」作為宗白華生命美學的本體有以偏概全的趨勢。類似地，彭品榮〔註81〕（2018）以「遊」提綱挈領，歸納了宗白華一生自由的思考與求索以及所達到的「天人合一」的詩意人生境界，其提出「遊」是宗白華的恬淡超脫的思維狀態，是他行雲流水的言說方式，更是他的豐富多姿的生存體驗。

王德勝的《闡揚生命運動表現的理論——宗白華藝術審美理論中的「動」》（2017）〔註82〕將對生命與運動之關係的本體性思考作為宗白華美學的基礎，王德勝指出宗白華從早年發表的《看了羅丹雕刻以後》中對「動象」的追崇，到晚年關於「虛實」的論述中，都一以貫之地追尋生命之動，藝術家也正是

〔註79〕李丹：《〈流雲〉：「動象的表現」之「宇宙詩」》，《中國文學研究》，2013.03。
〔註80〕曾繁仁：《「氣本論生態——生命美學」的發現及其重要意義》，《文學評論》，2014.01。
〔註81〕彭品榮：《以「遊」入「境」——宗白華「散步美學」研究》，四川大學出版社，2018。
〔註82〕王德勝：《闡揚生命運動表現的理論——宗白華藝術審美理論中的「動」》，《文藝爭鳴》，2017 年第 3 期。

用「動象」來呈現生命，表達精神。王德勝從很早開始研究宗白華，在他之前的研究中，並沒有將「動」放置在這麼重要的位置上加入探討，多年之後經過更多的沉澱與思考，提出了「動」這個範疇作為研究宗白華美學的一把鑰匙，這種由繁入簡、以單個概念統領其他概念的思維方式給人啟發，但「動」是否就是宗白華生命美學涵蓋面最廣的概念還值得商討。

綜合以上研究，關於宗白華生命美學之「生命」的本質討論，多落實在「動」，或是「動」的不同形式「運動」、「流動」、「生動」、「動感」，或者是「動」的反面「靜」，很難跳出「動」的圈子。「動」確實是生命非常突出的方面，「動」規定著動物的本質屬性，「動」是自然生命的存在本體，不「動」的是生命的反面——死亡。「動」是一個跟時間、空間緊密聯繫的哲學概念，正確地理解「運動」對於理解與時空的相關問題有著重要的意義，宗白華從《看了羅丹雕刻之後》起就時時都在考慮生命與運動的關係，他關於生命之「動」的理解也是不斷深化、不斷豐富的，研究者們論述的不同的「動」是宗白華在不同時期關於「動」之論述的不同豐富與發展。「動」是宗白華生命美學至關重要的方面，但本書認為宗白華的生命美學還有其他內涵，如「情感」、「愛力」、「精神」等，本書將在後面的論述中一一展開。「動」是宗白華生命美學的主線，但不是全部。

「意境」是學界對宗白華的生命美學進行研究的重要關鍵詞，直接原因在於宗白華晚年出版的文集《藝境》之名，《藝境》以「意境」為核心關注點而編排，加之「意境」又是中國傳統美學的重要範疇〔註 83〕、中國原創的文藝理論，因而歷來倍受關注。

李衍柱的《生命藝術化，藝術生命化——宗白華的生命美學新體系》（1997）〔註 84〕一文用「生命」、「藝術」與「意境」構造出了宗白華生命美學的體系，其指出「生命」是宗白華美學思想體系的本體和靈魂，「意境」是核心，藝術生命化的過程，實際就是意境誕生和創構的過程。另外李衍柱指出在王國維之後，宗白華對意境的研究又有了新的突破，將意境從原本的詩詞領域擴展到了幾乎所有的藝術門類，並且從美學心理學等發生的角度探

〔註 83〕「意境」在中國的古典文論中主要指詩歌作品由審美意象因實生虛而構成的、浸透了無限情思的開放性情景交融時空，是中國古代詩歌理論的至高成就。

〔註 84〕李衍柱：《生命藝術化，藝術生命化——宗白華的生命美學新體系》，《文學評論》，1997 年 03 期。

討了「意境」的誕生。李衍柱的研究十分具有動感，將生命、藝術、意境的關係進行了很具體的演繹，但是這種說法存在一個潛在的意層，即有意境的藝術則有生命，沒有意境的藝術則無生命，而本書認為藝術本身就是生命，即使一件藝術並無意境而只是直觀的對象化的模寫，其仍然能夠透露出生命的溫度。

張愛武的《宗白華生命美學研究》（2002）〔註85〕中認為「意境」是宗白華藝術思想的核心範疇，也是他人生所追求的最高境界。在「意境」中，人的生命是最自然最活潑的，也是最自由的，生命是意境的靈魂。張愛武認為宗白華從來不將「意境」侷限在詩學意義上使用，而是直接關係到人的生命存在與意義思考。張愛武的研究注重考察宗白華對「意境」理論的擴展，「意境」從中國傳統關注的詩詞領域擴展出來，指向了人生的各方面，從此意義上講，「意境」跟「境界」的含義更加接近。

秦芬在其論文《宗白華富於生命情調的意境美學論》（2009）〔註86〕中闡述了宗白華對情景交融之意境理論的擴展深化主要體現在兩方面，一是對「情」（心源）之深度的挖掘，二是對「景」（造化）闊度的延拓。秦芬指出「情」之深是創作主體生命情調之深，「景」不僅是自然的物態形象，更是天地宇宙的造化。意境的最高層次和最終目的都是以主體的生命來體驗審美對象的生命，以最深廣的同情進入到審美對象的內部本質中去，因此意境的創造也就是生命體驗的過程。在談及宗白華對意境的擴展時，秦芬能具體從意境的兩大構成要素入手，有針對性地去論述深度和闊度，使得論述很具體很立體。

田智祥在《宗白華的精神人格與美學之路》〔註87〕（2010）中認為宗白華的意境之最終的指向在於人格的修養，是一種對個人修養和人生智慧的追求。田智詳重點分析了宗白華立體豐滿的個人形象，對學界已有對宗白華的研究提出質疑，力圖澄清人們對宗白華的模糊不清、模棱兩可的刻板學者形象，還原宗白華的人生追求和精神人格，將美學研究回到「人」的層面，為人們樹立一個鮮明的榜樣，就如宗白華崇尚歌德那樣。田智祥這種以「人」為

〔註85〕張愛武：《宗白華生命美學研究》，河北師範大學碩士學位論文，2002。
〔註86〕秦芬：《宗白華富於生命情調的意境美學論》，福建師範大學碩士論文，2009。
〔註87〕田智祥：《宗白華的精神人格與美學之路》，南開大學出版社2010年版，第64～70頁。

本，以「人格」為主線的研究使得「意境」跟王國維所推崇的「境界」有了更多重合；他這種敢於質疑既有研究的精神和力圖原始宗白華本真形象的努力值得推崇。

劉樹蕾在其論文《論宗白華的藝術境界觀》（2017）〔註88〕中很有創見地提出要對宗白華理論體系中的「境界」與「意境」做出釐清，他稱雖然宗白華自己在行文中都經常將這兩個詞語混用（甚至王國維對這兩個詞語也是混用的），但實際上這是兩個區別很大的概念，「境界」所涵蓋的面遠大於「意境」，「境界」是個體精神生命的集中體現，如生命情調、心靈、人格、形式、虛實、時空甚至連「意境」都可以統攝其下，「境界」著眼於文學主體論，強調的是創作主體的情懷、眼界，而「意境」著眼於文學創作論，強調的是作品的結構問題。劉樹蕾還區分了宗白華的「藝術境界」（即「藝境」）與「意境」，「藝境」是介於學術與宗教境界之間的一種主於美的境界，承載了更豐富的主體性和多重價值功能。劉樹蕾將宗白華論及的最高境界歸結為禪境，因為其能夠直探生命的本源，直指宇宙生命的本體——「道」。劉樹蕾對「境界」與「意境」進行區分釐清的研究很具有理論敏銳度，同時也創新運用了詞源的研究方法，以小見大，能夠促使人們更好地去思考宗白華的意境的邊界。

許俊影〔註89〕（2017）認為宗白華將古典的主觀與客觀相結合情景交融意境理論進行了重新概括，提出意境論是基於「生命」的，正是健動「生命」的灌注，才有意境，並且創構意境的過程其實可以分為三個層次——生命主體對客體進行模寫、生命主體傳達出生命客體的活躍生命、生命主體從客體生命中啟示出宇宙生命的最高靈魂。許俊影的研究指出了「生命」在宗白華意境理論中的重要地位，正是加入了「生命」的重要元素，宗白華才得以對意境這個中國古典的美學範疇有了繼承地發展，宗白華對意境層次的劃分也是將傳統意境理論的「情」、「景」二分發展成為了一個三分的遞進結構，這其中有黑格爾美學的三階段論的影響，用西方的理論資源來解構中國傳統的美學觀念，這是宗白華的重要嘗試。

關於宗白華的「意境」，前人的研究切入角度各不相同，對其理解與看法也有偏差，以李衍柱為代表的一派認為宗白華對「意境」的見解極為深刻，貢獻不亞於王國維，在現當代將中國古典的「意境」範疇推廣到了藝術的各

〔註88〕劉樹蕾：《論宗白華的藝術境界觀》，山東師範大學碩士學位論文，2017。
〔註89〕許俊影：《宗白華生命意境論研究》，華僑大學碩士學位論文，2017。

個領域，是一種將藝術生命化的過程；而湯擁華〔註90〕卻認為宗白華在闡述
意境時引入了西方的理論資源而使原本很傳統的「意境」概念受到了干擾……
這些不同的結論同時存在是一種學術風氣自由的體現，其都以宗白華的美學
思想為土壤，結出了不同的果實。本書更偏重於將宗白華的「意境」研究跟
人格修養隔出一定的距離，一是因為宗白華自己在論及「意境」時主要是從
文藝入手、以文藝為關注點的；二是因為如果將「意境」跟人格聯繫得太緊
密確實跟王國維的「境界說」太接近而沒有區分度。

（四）對宗白華美學中藝術與生活的研究

　　彭鋒的《宗白華美學與生命哲學》（2000）〔註91〕重點分析了藝術、生命
對於宗白華美學思想的重要意義，指出宗白華將藝術和美落實在宇宙的生命
本體上是宗白華美學最為深邃的地方。類似的，汪裕雄、桑農在《藝境無涯
——宗白華美學思想臆解》（2002）中〔註92〕認為藝術所營造出來的意境是
宗白華美學思想的核心，是一種具體與抽象相溝通的橋樑。何咪的《藝術與
生命意境——宗白華美學思想探析》（2017）〔註93〕一文探討的是宗白華生命
美學中自然、藝術與生命三者的關係：自然是藝術美的來源，藝術如果失去
自然的來源則枯竭乏味，但是藝術對自然的描摹絕不是復刻，而是融入人的
生命情感、精神和靈氣，她提出宗白華關於這三者關係最精妙的表達是「藝
術家以心靈映像萬象，代山川而立言，他所表現的是主觀的生命情調與客觀
的自然景象交融互滲，成就一個鳶飛魚躍，活潑玲瓏，淵然而深的靈境……」
〔註94〕而宗白華指出的藝術三層次（寫實、傳神、造境）對應的是人的精神
認識不斷深入、不斷昇華。

　　李紅梅的《宗白華與西方生命哲學》（2004）〔註95〕認為「生命」是宗白

〔註90〕湯擁華：《宗白華與「中國美學」的困境一個反思性的考察》，北京大學出版
　　　　社2010年版，第180頁。
〔註91〕彭鋒：《宗白華美學與生命哲學》，《北京大學學報（哲學科學版）》，2000年
　　　　第2期。
〔註92〕汪裕雄、桑農：《藝境無涯——宗白華美學思想臆解》，安徽教育出版社，2002。
〔註93〕何咪：《藝術與生命意境——宗白華美學思想探析》，《名作欣賞》，2017年第
　　　　29期，第31頁。
〔註94〕宗白華：《宗白華全集》（第2卷）〔M〕，合肥：安徽教育出版社，2016，第
　　　　362頁，《中國藝術意境之誕生》，原刊於《哲學評論》第8卷第5期。
〔註95〕李紅梅：《宗白華與西方生命哲學》，《青海師範大學學報（哲學社會科學版）》，
　　　　2004年第3期。

華美學的本體和靈魂，指出宗白華以「生命」為出發點對藝術的本質、審美體驗等美學核心問題進行了獨到的闡釋分析，在宗白華的美學體系中，「生命」是藝術的本體，藝術是「生命」的表現。郝赫在《宗白華藝術形式美學思想研究》（2015）〔註96〕中指出生命是宗白華研究藝術的最終歸宿，郝赫抓住了「藝術形式」這條主線，指出了宗白華對「藝術形式」的理解與闡釋是隨著時代的推移而深化昇華的，從最初的數的和諧，到後來形式與內容的協調，最後落到了生命的節奏和韻律之上，整個宇宙人生就是一陰一陽，一虛一實的生命節奏。

時宏宇〔註97〕從藝術學學科的研究對象、研究方法等直接發掘宗白華研究中的對應部分，旗幟鮮明地揭示了宗白華一直被其「美學」光環所遮蔽的「藝術學」方面的建樹。時宏宇從藝術創造論、藝術欣賞論、藝術形式論和藝術價值論幾個方面提取了宗白華的藝術學思想，又具體分析了宗白華重點關注的「同情」、「意境」與「節奏」三個藝術學概念以及宗白華所觀照的詩、畫、書法、樂、建築、戲劇六大具體藝術門類。時宏宇高度肯定了宗白華對中國現代藝術學的貢獻，指出宗白華是中國藝術學的開拓者和第一人，宗白華奠定了以藝術學同時具有文化的廣度和哲學深度的方向性道路，並且率先運用了中西比較的研究方法，做到了「中西古今打通」。

張澤鴻〔註98〕卻批判了宗白華在其後期將美學與藝術學「合流」、將藝術學放到美學的框架下研究的做法，但也指出了這樣的做法固有宗白華當時缺少藝術學學科的自覺意識，也有歷史的及學術研究環境的壓力影響。張澤鴻總結了宗白華在藝術原理、藝術史的構建、藝術批評的實踐（主要將宗白華的評價標準總結為「生機主義」）的貢獻，其研究重點落在了對宗白華在從事現代藝術研究所使用的方法論方面，張澤鴻歸納的宗白華研究方法主要有：跨文化比較的方法、跨學科比較的方法、中國藝術詮釋學的方法、貫通藝術門類的方法、科學精神與人文主義相結合的方法，並且順帶將宗白華的美學思想與鄧以蟄、方東美、滕固三位美學家進行了比較。

李衍柱的《生命藝術化，藝術生命化——宗白華的生命美學新體系》（1997）〔註99〕認為宗白華以「生命藝術化」作為自己人生的總目標和意義

〔註96〕郝赫：《宗白華藝術形式美學思想研究》，浙江理工大學碩士學位論文，2015。
〔註97〕時宏宇：《宗白華與中國當代藝術學的建設》，山東人民出版社，2014。
〔註98〕張澤鴻：《宗白華現代藝術學思想研究》，文化藝術出版社，2015。
〔註99〕李衍柱：《生命藝術化，藝術生命化——宗白華的生命美學新體系》，《文學評論》，1997 年 03 期。

追求，指出歌德和莊子就是這樣使自己生命藝術化的代表，宗白華以他們為榜樣，也是我們後人生活的榜樣。凡尼在其《生命、自然、藝術——論〈流雲〉的美學內涵》（1998）〔註100〕中認為宗白華的美學體系由三部分組成——生命美學、自然美學、藝術美學。凡尼認為宗白華的生命美學雖然反對只強調用內省直覺的體驗去窺探生命真諦的觀點，而主張知行合一，投身到社會實踐中去把握生命的意義；凡尼認為宗白華的自然美學建立在泛神論的基礎之上，通過泛神論，宗白華窺見了自然宇宙無往不動的奧秘，宗白華所信仰的泛神論跟中國的「天人合一」是相通的。凡尼關於宗白華自然美學的看法具有啟示性，但其所說的宗白華生命美學的實踐性卻多是自己的發揮，因為不少中國研究者跟凡尼一樣都主動用後來流行的實踐美學觀套用到宗白華身上，這樣並不符合宗白華思想的實際，顯得牽強。

　　臺灣學者蔡瑞霖在其《走出中國當代美學的困境——關於朱光潛、宗白華美學思想之對比美學考察》〔註101〕（1999）中認為宗白華的優游自在、無處不美的美感經驗來源於生命之源泉活水，認知態度中的世界是平鋪直敘的，而美感是高聳挺拔的，美感經驗使得人們將日常生活的成見一一剝落，原本生命的面貌得到朗現，因此審美經驗為日常生活與生命之間的橋樑，這也是為什麼宗白華重視審美，因為他用審美從日常生活躍升到對生命直接的體悟。趙全會〔註102〕主張將宗白華的「生命美學」直接換成「生活美學」，因為比起源自西方抽象生命哲學的超越理性的宇宙本體之「生命」，他認為宗白華強調一種「道不遠人」的具體的人的生活意義，人的生活才是宗白華美學理論體系的中心和最終的落腳點。

　　李時的《唯美者的散步——宗白華生命美學方法論評析》（2002）〔註103〕認為縱觀宗白華的一生，都是散步式的，始終是自由自在、無拘無束的，宗白華的美學基礎是中國人對生命本體的深層體味和直覺把握，宗白華的美學不用理性來證明，而用感性，其以主體的生命體驗來感應世間百態，用詩化

〔註100〕凡尼：《生命、自然、藝術——論〈流雲〉的美學內涵》，《東方論叢》，1998年03期。
〔註101〕蔡瑞霖：《走出中國當代美學的困境——關於朱光潛、宗白華美學思想之對比美學考察》，《美學的雙峰》，1999年，第291頁。
〔註102〕趙全會：《宗白華生活美學思想初探》，山東大學碩士學位論文，2007。
〔註103〕李時：《唯美者的散步——宗白華生命美學方法論評析》，《瀋陽大學學報》，2002年09期。

的語言和詩人的智慧來概括美的實質。李時認為宗白華愛「散步」一是出於他個人的愛好，二是因為推理的哲學的科學的方法並不能接近生命本體，而感性的藝術的美學的方式才是體悟宇宙生命的真方式。李時呼籲在新時代對美學進行反思和重構之時，應該考慮宗白華散步方法的獨特價值。

胡玲玲在她的《美從何處尋？——福柯生存美學與宗白華生命美學的比較》（2008）〔註104〕一文中對比了福柯與宗白華審美生活的兩種截然不同的狀態。雖然兩人都強調將生活當作藝術品，福柯的審美生活強調對自身的生活狀態不斷懷疑、改造和革新，不斷擴展生活的邊界，尋找新奇與刺激之物，福柯甚至認為真正的經驗只有在生命的邊界中冒險才能獲得，他甚至認為那些滿足於現狀和平靜生活的人根本沒資格談論生活之美。福柯的這種生活審美觀十分具有西方無限擴張和追求無窮的精神，而宗白華的審美生活追求的是一種圓融和諧，在平淡的日常生活中把握生活真味，吸納無窮於自我當中，如謝靈運在其《山居賦》中所寫的：「網羅天地於門戶，飲吸山川於胸懷」，這是東方文化的一種至高的追求。胡玲玲關於福柯與宗白華關於審美生活的比較非常大膽有新意，其選擇用來比較的兩個人確實很能代表東西方人對生活的不同追求，福柯某種意義上跟宗白華崇拜讚美的歌德有相似之處，都是將體驗推向極致之人，他們的生活哲學像烈火一樣燃燒著，而宗白華的生命美學如同一泓山間的清泉，清澈甘甜，這恰恰也是西方人與中國人世界觀的兩極，張揚與內斂。

楊明靜在其《〈流雲〉：宗白華生命美學的感性呈現》（2009）〔註105〕中將宗白華的生命美學、藝術的人生和詩歌創作的實踐歸結為一種「三位一體」的交融互滲的關係，認為宗白華的藝術人生和《流雲》的小詩創作都體現了強烈的生命意識，即對宇宙內部至深至動的旋律的讚頌，對無往而不美的大自然的熱愛，以及對心物交融的意境之構建。楊明靜的這種主動為宗白華的思想創建體系的做法非常值得借鑒，但「三位一體」作為一個極具西方基督教宗教色彩的專門化概念進行直接借用是否合適，仍然值得進一步探討。

黃燕在其《宗白華的生命美育課程思想研究》（2010）〔註106〕中將宗白

〔註104〕 胡玲玲：《美從何處尋？——福柯生存美學與宗白華生命美學的比較》，《論壇》，2008.12。

〔註105〕 楊明靜：《〈流雲〉：宗白華生命美學的感性呈現》，河北師範大學，2009。

〔註106〕 黃燕：《宗白華的生命美育課程思想研究》，華東師範大學碩士學位論文，2010。

華所提倡的生活藝術化、生命審美化等主張提煉成為「生命美育課程」，從課程設置、課程目標、課程特點等方面進行具體的闡發，並且稱宗白華為「生命美育家」，指出宗白華的美育以提升人生境界為目標，以「藝境」的追求為課程內容，以「散步」為教學方法。黃燕的提法看似牽強，因為宗白華自己從來沒有直接主動設計出一套美學課程，但是綜合宗白華一生的美學實踐來看，他確實是美育的躬行者。美學自引進中國之初就是為了用審美提升國民性和人生的境界，宗白華早年寫的一系列文章都是具有這個審美功利性的追求的，如《中國青年的奮鬥生活與創造生活》、《青年煩悶的解救法》、《怎樣使我們生活豐富》等，宗白華擔任「新文化」主要陣地之一《學燈》的編輯也是為了更好地去影響青年們，另外，宗白華也常常表達對孔子「志於道，據於德，依於仁，游於藝」的傾慕。後人可以根據宗白華的思想精髓開發一套美育的課程，這是非常有創意，但不必強調宗白華自己是課程的設計人。

屈小娥在其論文《宗白華生命美學研究》（2010）〔註 107〕中將宗白華的生活概括為救世、入世、超世三種樣態，但他始終都懷著巨大的救世情懷為整個民族人類進行探索，他的選擇為當代人的生存意識提供了典範。果海富在其論文《宗白華生命美學研究》（2016）〔註 108〕中認為宗白華生命美學可以分為三個層次：自然之美、藝術之美、人生之美，但其最終落腳點在人生的藝術化——「圓融生命」，人的一生可以作為創作一件藝術品來看待，而人類自己就是藝術家。

葉朗在他的《美不自美，因人而彰》（2018）中回憶宗白華，說「宗先生淡定隨性，靈感妙手得之」〔註 109〕。葉朗還回憶起給宗白華當助教的情形，說宗白華在講臺上總能自由發揮，從來不照著講稿念，板書就寫一些很大的字提綱挈領；其言宗白華翻譯書也很隨性，閱讀的時候覺得哪一段好就即興翻譯出來，不翻譯全書。可見「散步」不僅是宗白華的生活態度，其教學的各方面也顯示出行雲流水之傾向。

馬建高的《民初美學的引進及中國化歷程》（2019）〔註 110〕指出美學自

〔註 107〕屈小娥：《宗白華生命美學研究》，西北大學碩士學位論文，2010。
〔註 108〕果海富：《宗白華生命美學研究》，河北大學碩士學位論文，2016。
〔註 109〕劉文嘉：《葉朗：美不自美，因人而彰》，《光明日報》，2010 年 8 月 6 日 12 版。
〔註 110〕馬建高：《民初美學的引進及中國化歷程》，《社會科學輯刊》，2019 年第 5 期。

引進中國之初，其重點就在人生問題的解決上，生命美學、文化美學、生活美學本來就是中國美學的核心部分。馬建高指出，美學學科自 18 世紀由鮑姆加通在德國建立以來，西方在此之前的美學思想也是通過詮釋和構建而譜系化的過程，西方美學史的這種重構觀也可以用以切入中國美學，自王國維將美學移植到中國起，他便自覺地對美學進行了一種中國式「質」的轉化，使人生問題成為了美學的基點主軸，其「境界」說便是最突出的證明，這種將美學的詞彙與人生價值相結合的道路在馬建高看來是美學在中國轉向的主流，宗白華的生命美學正是美學在中國文化轉化下典範代表。

顧春芳在其《宗白華美學思想的超然與在世》（2019）〔註 111〕中認為宗白華之所以能夠有如此安然從容的在世生活情懷，正是因為他借由形上層面的領悟實現了生命的超越，人生的有限與宇宙的無限進行了接通，實現了與天地精神往來。唯有此，最庸常的生活也充滿了宇宙道的玄機，「天地一東籬，萬古一重九」。豁達從容的散步生活態度，正是宗白華胸懷宇宙、思接千古的生命的儀式。宗白華的一生親歷了國家民族的落後、政治的黑暗、兩次世界大戰對世界對祖國的傷害，即便如此，他還是能夠超然地生活於世，顧春芳分析到這是因為當歷史文化與理想之間發生的衝突賦予了宗白華內在精神超越的動能，正是這股超越動力使他在困境中生出了智慧力量和勇猛精神。顧春芳進入宗白華美學思想的方式比較特別，相對抽象，並且有新意，跳出了之前人們闡述宗白華的固定模式，啟示後來的研究者可以在研究的框架邏輯上進行創新。

這些文章都討論了「藝術」和「生活」在宗白華理論體系中的關係，關於「藝術」，前研究者們普遍認為「生命」是本體或是基礎，「藝術」是表現，但本書持藝術本體論的主張，即將「生命」與「藝術」更緊密結合，而不是進行這樣的二分，藝術與生命同為本體，也同是表現。關於「生活」，我們可知宗白華不僅自己是美學理論的研究者，更是美學理論的實踐者，他生活藝術化的人生追求為當代人的生存意識提供了典範。宗白華通過自己切實的嘗試，使得原本抽象的美學理論成為了可實踐的生活日常，歌德在《浮士德》中寫到「理論是灰色的，而生命之樹常青」，這句話宗白華肯定是熟悉的，宗白華通過自己藝術化的審美生活，成為了常青生活的耕耘者，本書將力圖從更多方面發掘宗白華的典範生活對當下人們的啟示。

〔註 111〕顧春芳：《宗白華美學思想的超然與在世》，《中國文學批評》，2019 年第 1 期。

第一章　宗白華生命美學的萌發
（1913～1920）

　　本書將 1913 年至 1920 年界定為宗白華生命美學的萌發期，將此時期界定為宗白華生命美學的萌發期是因為：一、此時期宗白華的生命美學體系尚未正式形成，宗白華的學術實踐主要為對西方生命哲學的接受、介紹和闡釋，並且結合中國當時的社會狀況有所拓展和發揮，此時期宗白華對生命意涵的闡釋主要為不懈的奮鬥創造、豐富的生活體驗、強健活潑的身體和豐富的情感等；二、1913 年，16 歲的宗白華開始系統地學習德語、接觸德國文學和思想，此之後他積極參與「新文化運動」，嘗試用西方的生命哲學為中國注入活力，「新文化運動」期間，宗白華跟同時期的很多學者一樣，學術實踐具有濃厚的審美功利主義和啟蒙主義傾向。宗白華和同輩們力圖用西方的思想改造當時落後於世界民族之林的舊中國，高舉愛國主義和民族主義旗幟，尚未形成自己明確的美學風格與特徵；三、以 1920 年為此時期的終點是因為在 1920 年 4 月，23 歲的宗白華辭去《學燈》編輯一職，前往德國留學，到了歐洲的宗白華即將將生命落實到藝術之上、正式建立自己的生命美學體系。

第一節　宗白華面臨的時代問題及其選擇

　　宗白華（1897～1986）原名宗之櫆〔註1〕，字伯華，於 1897 年 12 月 15

〔註1〕後宗白華覺得「櫆」字生僻，自己改名為「白華」，取自《詩經》「白華篇」：「白華菅兮，白茅束兮。之子之遠，俾我獨兮。」從宗白華的名字之中，不僅能看出其為家族長孫，而且能夠得知整個家族對宗白華寄予的期待。「櫆」為北斗星，北斗星在中國傳統文化中向來是古人瞭望天空時用於定方位、分四時的主星群，《甘石星經》中有「北斗星謂之七政，天之諸侯，亦為帝車」，

日（光緒丁酉年農曆十一月二十二日）出生在安徽安慶其外祖父母的方家大宅中，祖籍江蘇常熟。宗白華出生成長於中國社會急劇變化、轉型的十九世紀末、二十世紀初，他早年的人生經歷與選擇跟當時的歷史背景是緊密相連繫的。1894 中日甲午戰爭之後，中國民族危機進一步加深，外國帝國主義入侵、滅種亡國成為了當時最顯著的中國社會與時代問題，先進的愛國志士們不斷探索救國救民的道路。宗白華從小念新式學堂、後來由學西醫改為學西方哲學，並以積極的姿態加入「新文化運動」，這種從學習西方技術到學習西方思想的轉向跟當時整個中國社會的向西方學習的步調是一致的。

　　1894 年清朝在甲午海戰中失敗，清廷與日本簽訂了喪權辱國的《馬關條約》，這讓當時的知識分子受到了極大的衝擊，他們眼中弱小的鄰國日本在進行了向西方學習的明治維新後居然取得了長足進步。因此，中國也於 1898 年開始維新變法，力圖師夷長技以自強。1900 年，庚子國變，八國聯軍火燒圓明園，中國陷入空前災難，險遭瓜分，中國被迫與八國聯軍簽訂《辛丑條約》。《辛丑條約》的簽訂對中國打擊甚大，清廷的保守派一改原本的反對百日維新的態度，主動進行變法，光緒二十七年（1901 年），在慈禧太后的默許下，清政府進行改革，新政的一個重要內容是廢科舉，辦學堂，派留學。

　　1905 年 9 月，8 歲的宗白華進入思益小學入讀，開始學習以西方知識為代表的新學。宗白華所就讀的南京思益小學，就是一所應光緒朝新政而建、傳授新式教育的學校。南京思益小學創辦於光緒三十年（1904 年），是我國最早的新式學校，當時在思益小學任教的職員都為當時的精英，如胡子靖、陶賓南等。宗白華的父親是思益小學地理教員，而他實為一名水利專家，曾經遊學日本。他不僅在政府的支持下組織了測量隊對淮河流域進行實地勘察、擬訂治理和疏導方案，還對該流域進行了實際的治理並且收效甚著，在他和團隊的努力下，淮河腹地的近千畝田受益，關於此，宗白華曾經寫過：「家父研究中國全國水利垂 50 年，在民國五年間，為皖北開闢淮河 2 百餘里，改道入洪澤，使荒沒百餘年之靈澤各湖蕩立即涸為良田……」〔註2〕。後來宗父還

在人們的想像中，天帝坐著北斗七星視察四方，定四時，分寒暑，因此把北斗星斗柄方向的變化作為判斷季節的標誌之一，民間甚至有流行「北斗主生，南斗主死」的說法。北斗星中的前四星又統稱「魁」，「魁星」即文曲星，文章寫得好而被朝廷錄用的官員都被稱為文曲星下凡。

〔註 2〕宗白華：《宗白華全集》（二），安徽教育出版社，2016，第 341 頁，《整理〈全國水利大要〉編輯後語》。

將自己的實際治理經驗編寫成專著和論文等，並於民國時期在中央大學、安徽大學開設水利課程講授《淮河流域地理與導淮問題》，並寫成同名書籍出版。心懷天下並且具有實幹精神和研究精神的父親對宗白華影響深遠，宗白華不僅從小就熱愛祖國的大好河山，並且心繫天下的種子也早已根植於胸間，1943年宗白華寫過：「今家父垂滿 70 矣，時以民族生存前途為念」〔註3〕。

　　除了父親的影響，宗白華的祖輩也非常顯赫，其遠祖宗澤是宋代的名將，還是南宋民族英雄岳飛的良師，宗澤去世後被兒子宗穎和愛將岳飛一起扶柩至鎮江，與夫人陳氏合葬於鎮江京峴山上，其後代便喬居鎮江，占籍於此，宗白華是宗澤的第二十七代後裔。宗白華的母親方淑蘭是晚清「桐城三祖」之一的方苞的後代，宗白華的外祖父方守彝為桐城派的著名詩人，宗白華的父親宗嘉祿早年師從於桐城派方氏並於丁酉年（1897）中了舉人，宗白華少幼時與外祖父母同住，他回憶外祖父在晨光中高聲吟誦《劍南詩稿》的情景，這成為了對他詩歌意識的啟蒙〔註4〕，宗白華一生超脫隨和的氣質，與這樣江南世家大族的背景與書香門第的薰染是分不開的。

一、宗白華從醫學到哲學的轉向

　　1909 年，12 歲的宗白華升入南京第一模範高小；1912 年，15 歲的宗白華考入金陵中學學習英文。1913 年初，宗白華在金陵中學就讀半年後因病休學，前往海濱城市青島休養，後經人介紹進入德國人創辦的青島大學中學部學習德文。1914 年秋天，宗白華轉學進入上海同濟醫工學堂中學部語言科，繼續修習德文，在上海的學習經歷讓宗白華視野更加開闊，胸懷也更加寬廣。1916 年秋天，宗白華以優異的成績畢業，升入同濟大學預科同濟醫工學堂學習醫學。

　　1917 年 6 月 1 日，年僅 20 歲的宗白華在上海泰東圖書局出版的《丙辰》

〔註3〕宗白華：《宗白華全集》（二），安徽教育出版社，2016，第 341 頁，《整理〈全國水利大要〉編輯後語》。

〔註4〕宗白華：《宗白華全集》（二），安徽教育出版社，2016，150 頁《我和詩》：「那年夏天我從青島回到上海，住在我的外祖父方老詩人家裏。每天早晨在小花園裏，老人高聲唱詩，聲調沉鬱蒼涼，非常動人，我偷偷一看，是一部《劍南詩鈔》，於是我跑到書店裏也買了一部回來。這是我生平第一次翻讀詩集，但是沒有讀多少就丟開了。那時的心情，還不宜讀放翁的詩。」《我和詩》寫於 1923 年，後刊於《文學》第 8 卷第 1 期，1937 年 1 月 1 日出版。1947 年 11 月上海正風出版社重版《流雲小詩》書刊登時，又略有修改。

雜誌上發表了他的第一篇哲學論文《蕭彭浩哲學大意》,從此走向上哲學之路,他之後出國留學選擇的就是哲學、美學專業。關於從醫學到哲學的轉向,林同華在《宗白華生平及著述年表》中寫到「由於第一次世界大戰爆發,宗白華無意學醫,轉而思考世界和人生問題,努力自修哲學與文學。」〔註5〕宗白華跟哲學結緣大概還因為佛學,在上海同濟深造時,宗白華的一位室友信佛,常常盤坐在宿舍床上大聲朗誦《華嚴經》。宗白華也喜歡躺在床上瞑目靜聽他高聲朗誦,《華嚴經》詞句優美,引發了宗白華研讀佛經的興趣,經文中深藏的佛理境界與潛在宗白華心間的哲學冥想多有契合,也使得著作中涉及很多東方佛教思想的叔本華最早進入宗白華的研究視野,東方佛教思想的影響與宗白華在理論成熟期提出的「意境」也有深刻聯繫。

宗白華這樣由醫學轉向哲學跟魯迅由醫學轉向文學有著相同的原因,同時也是跟中國向西方學習的不同階段是同調的。學習西方醫學,就可以療治人們身體的病,醫者仁心,行醫救人。但學醫的他們逐漸意識到要改變中華民族當時在世界上落後的地位,擺脫被列強踐踏的悲慘命運,更重要的是「醫治」改造中國人的精神,提升中國的國民性。而西方醫學,是西方技術的代表,包括孫中山在內的志士仁人一開始都選擇了學醫;而文學和哲學則屬於西方思想層面的內容,中國向西方學習整體上就歷經了從技術到制度再到思想的過程,很多人也從一開始學醫轉成文學、哲學等。宗白華在晚年回憶起自己跟郭沫若的友誼時談到當初是什麼原因將他和郭沫若聯繫在一起時,說其中一方面就是因為「我同沫若最早都是學醫的,在這方面有著共同語言,後來又都對詩歌發生了興趣」〔註6〕,可見當時做出這樣轉向的青年不在少數。

19 世紀上葉與中葉,中國經過兩次鴉片戰爭的失敗後,以林則徐、魏源為代表的知識分子開始「睜眼看世界」,林則徐建立譯館,編譯了《各國律例》和《四洲志》等,而魏源寫作了《海國圖志》;清政府在 19 世紀 60 年代發起了學習西方先進技術和裝備的「洋務運動」,提倡「中學為體,西學為用」,學習西方的先進技術與裝備,這是中國向西方學習的第一階段。但是在 1894 年的甲午海戰中,作為洋務運動最大成果的中國北洋艦隊全軍覆沒,中國慘敗給島

〔註5〕宗白華:《宗白華全集》(四),安徽教育出版社,2016,第 689 頁,《宗白華生平及著述年表》。

〔註6〕宗白華:《宗白華全集》(第 1 卷)〔M〕,合肥:安徽教育出版社,2016,第 301 頁,《秋日談往——回憶同郭沫若、田漢青年時期的友誼》,原刊登於 1980 年 10 月 9 日《北京日報》。

國日本的事實讓世界列強失去了對中華帝國的最後一點敬畏，甲午戰爭後列強掀起了瓜分中國的狂潮，中國的民族危機空前深重，中國向西方學習技術的嘗試也遭受了重大挫折，於是知識分子開始注重引入西方的制度〔註7〕來革新中國社會，還引入西方的思想作為批判中國封建的舊社會舊倫理的利器。

　　1986 年，嚴復將英國生物學家赫胥黎的《進化與倫理》翻譯成《天演論》，1988 年正式印刷出版，「物競天擇，適者生存」的思想在社會上廣泛流傳，康有為稱此書為「中國西學第一者也」，嚴復將達爾文的進化論介紹到中國之初，就已經是社會達爾文主義了，種族間的競爭思想一傳入中國，使中國的知識分子們如飲狂泉。宗白華也深受達爾文思想的影響，他在早期的文章中把達爾文的進化論總結為一種戰爭的、悲觀的生命觀，他介紹達爾文說：「達爾文之言曰：一切生物，因求維持生命，時時在戰爭中。或與天然之困苦境界戰，或與同類爭生存之資糧而戰，或與異類因避困厄而戰，或與疾病戰，或與自心戰（此惟人類為盛），時時戰爭，無時休息，因戰爭而進化，因進化而戰爭，戰爭之形式不同，而戰爭之原理則一，其一維何，即求維持生命，增進生命而已。如此世界，如此戰爭，悲觀之生，何由遏止？是以達爾文之學術出，而悲觀之哲學大盛也。」〔註8〕20 世紀初，美學由王國維介紹到中國，王國維不僅最先引入了「美學」這一概念，介紹西方美學，同時在此基礎上提出了自己以「境界說」為代表的美學思想，並且結合自己的美學見解分析中國的詩詞小說等，王國維的一系列舉動為後來的美學研究者樹立了典範。

二、宗白華在新文化運動中的重要貢獻

　　從 1913 年起，宗白華開始正式學習德語，並且思考和研究哲學問題。1915 年，「新文化運動」興起，「科學」、「民主」的大旗被舉起，人們開始反抗統治中國幾千年的封建禮教，一場思想解放潮流在中國上興起。宗白華在新文化運動的感召下開始在雜誌上發表文章，1917 年宗白華正式公開發表了

〔註 7〕此時期對西方制度的學習主要以 1898 年的百維新和 1905 年～1911 年的立憲運動為代表。1905 年，清朝派五大臣出洋考察西方強國的政治制度與社會風貌，並於光緒三十二年（1906 年）下詔預備立憲，一系列的活動旨在使清帝國成為英國、日本那樣的君主立憲制的國家。

〔註 8〕宗白華：《宗白華全集》（第 1 卷）〔M〕，合肥：安徽教育出版社，2016，第 22 頁，《說人生觀》，原刊登於《少年中國》第 1 卷第 1 期，1919 年 7 月 15 日出版。

介紹叔本華哲學的《蕭彭浩哲學大意》。《蕭彭浩哲學大意》開篇即勾勒出西方哲學史，指出歐洲哲學唯心與唯物的基本思維分野以及兩者交替重複的張與屈對時代精神的影響，宗白華用對仗工整的駢文對叔本華的哲學思想進行了簡明扼要的介紹。

　　1919 年，在李大釗、王光祈等人的倡議下，少年中國學會在北京成立，該學會的宗旨是：以科學的方法研究學術，促進文化運動；以堅韌儉樸的精神奮鬥實踐，以改造中國社會。1 月 21 日少年中國學會在同濟學校召開第一次團體會議，同時成立會刊《少年中國》，滿腔愛國熱忱的宗白華就參與其中，並且成為了《少年中國》評議部的評論員、編輯和主筆。《少年中國》是「新文化運動」三大陣地〔註 9〕之一，在 1919 年 7 月 15 日出版的《少年中國》第 1 卷第 1 期宗白華就以本名宗之櫆發表了《說人生觀》，鼓勵青年人應該依據科學的態度樹立真實的宇宙觀，進而建立樂觀積極的人生觀。之後宗白華筆耕不輟，努力介紹西方的文化思想，跟很多愛國青年一樣，希望用西方的思想來療治中國「病」。

　　此時期的宗白華作為「五四運動」和「新文化運動」的旗手之一，負責《學燈》欄目，努力研究學術，旨在用學術研究作為新文化運動的指導明燈，積極建造中國的新文化為自己的責任，「那小小書桌上象徵著『五四』時代的青春、朝氣、希望，青年的純潔，生活力和一個文化史偉大創新的開端」〔註 10〕，宗白華在二十之年後的 1941 年回憶擔任編輯時期的生活寫到。新文化運動歷來被視為中國的啟蒙運動，於是宗白華等新文化運動的旗手也就是中國社會新時代的啟蒙者，關於「少年中國」的辦會宗旨宗白華寫到：「吾人目的在造成一中國最純潔高尚少年團體之結晶，毋稍雜污點，以暗光明。」〔註 11〕在十幾年的抗日戰爭時期，宗白華總結「五四」時期的精神到「思想的解放，精神的獨立和對社會問題、青年問題的注視，是那時代的特色」〔註 12〕。

〔註 9〕新文化運動的三大陣地主要指《新青年》、《少年中國》和《新潮》。
〔註 10〕宗白華：《宗白華全集》（第 1 卷）〔M〕，合肥：安徽教育出版社，2016，第294 頁。
〔註 11〕宗白華：《宗白華全集》（第 1 卷）〔M〕，合肥：安徽教育出版社，2016，第30 頁，《致少年中國學會函》，原刊登說《少年中國》，第 1 卷第 2 期，1919年 8 月 15 日出版。
〔註 12〕宗白華：《宗白華全集》（第 2 卷）〔M〕，合肥：安徽教育出版社，2016，第170 頁，《〈學燈〉擎起時代的火炬》，原刊登於《時事新報·學燈》（渝版）第1 期，1938 年 6 月 5 日。

另外在 1919 初～1920 中旬擔任《學燈》主編期間，宗白華不僅發現了郭沫若，還跟他成為知己，並且跟田漢三人結下了終生的友誼，他們三個青春時代的書信後結成《三葉集》〔註13〕，於 1920 年 5 月出版，很受人們追捧，多次重印。《三葉集》不僅記錄了他們真摯的友誼，並且內容廣泛，思維活躍，情感豐沛真摯，是一面極好地窺見「五四」前後青年知識分子精神面貌的冊子，他們對自由戀愛問題、婚姻制度問題都進行了深刻的探討。

三、宗白華對民族主義與愛國主義精神的弘揚

面對著上述的時代背景，宗白華跟其他先進知識分子一樣，非常鮮明地弘揚愛國主義和民族主義精神。宗白華於 1919 年寫了憂國憂民的短詩《問祖國》：「祖國！祖國！你這樣燦爛明麗的河山，怎蒙了漫天無際的黑霧？你這樣聰慧多才的民族，怎墮入長夢不醒的迷途？……」〔註14〕連續的發問，表現出了愛國青年的看到祖國落後蒙昧的痛苦與無奈，和急切希望祖國早日恢復其生命與力量的期盼；同年，他又寫了《為什麼要愛國？——中國可愛的地方在哪裏》，為熱愛和建設祖國找到了非常充足的理由，他指出愛國不能盲從，而是一種發自內心的自覺，宗白華激情昂揚地指出愛國所愛的不是目前眼下這個軍閥混戰、政治黑暗的國家，而是一個就在不久的未來、由青年們親手努力奮鬥創造出來的新中國，宗白華將祖國看成一個不斷延綿、需要被我們不斷創造和希望著的整體，用發展的和創造的觀點來看待國家。

宗白華致力於創造的「少年中國」是一個烏托邦式的新社會，他寫到「創造個完滿良善的新社會，然後再用這新社會的精神與能力可以改造舊社會，使舊社會看我們新社會的愉快安樂，生了羨慕之心，感覺自己社會的缺憾，從心中覺悟，想改革仿傚」〔註15〕。「少年中國」的提法以及基本思想來自梁啟超所寫的《少年中國說》，文章寫於戊戌變法失敗後的 1900 年，文章從駁斥日本和西方列強污蔑中國為「老大帝國」入手，說明中國是一個正在成長

〔註13〕宗白華：《宗白華全集》（第 1 卷）〔M〕，合肥：安徽教育出版社，2016，第 225 頁，《三葉集》，原由上海亞東圖書館 1920 年 5 月出版。

〔註14〕宗白華：《宗白華全集》（第 1 卷）〔M〕，合肥：安徽教育出版社，2016，第 79 頁，《問祖國》，原刊登說《時事新報·學燈》，1919 年 8 月 29 日出版。

〔註15〕宗白華：《宗白華全集》（第 1 卷）〔M〕，合肥：安徽教育出版社，2008，第 35 頁，《我的創造少年中國的辦法》，原刊登於《少年中國》第一卷第 2 期，1919 年 8 月 15 日出版。

的、充滿希望的少年中國。《少年中國說》認為中國的封建制度已經腐朽，中國未來的希望寄託在中國少年身上，梁啟超呼籲並且堅信中國的後輩中必有志士能使國家富強，雄立於世界民族之林。

宗白華在草擬創造「少年中國」的辦法中提到：「我們脫離了舊社會的範圍，另向山林高曠的地方，組織一個真自由真平等的團體，人人合力工作，造成我們的經濟獨立與文化獨立，完全脫去舊社會的惡勢力圈……不像現在歐洲的社會黨，用武力暴動去同舊社會宣戰……逃到了深山野曠的地方，另自安爐起灶……」〔註16〕如同托馬斯·摩爾的《烏托邦》是對空想社會主義所特有的某些原理加以明確表述的最早的一本書那樣，宗白華很多關於「少年中國」的創辦措施，也是一種對梁啟超思想的具體化。宗白華講述少年中國最終的實現是「全國皆復如是（精神物質二種生活皆能滿足），使中國做世界文化的中心點，我們燦爛光華雄健文明的『少年中國』實現了。」〔註17〕這與梁啟超在他的《少年中國說》裏面的理想「少年智則國智，少年富則國富；少年強則國強，少年獨立則國獨立；少年自由則國自由；少年進步則國進步；少年勝於歐洲則國勝於歐洲，少年雄於地球，則國雄於地球」〔註18〕是一樣的。

「中華民族」的概念是19世紀末、20世紀初由中國的學者、思想家在救亡圖存等複雜的國際形勢中所提出和倡導的。提出「少年中國」主張的梁啟超是中國民族主義的奠基人，1896年梁啟超在《變法通議》中提出了「以群為體」的改革綱領，他說：「道莫善於群，莫不善於獨。獨故塞，塞故愚，愚故弱；群故通，通故智，智故強。非洲之黑人，印度之棕人，美洲、南洋、澳島之紅人，所佔之地，居地球十六七，歐人剖之鈐之，若欄獅象而駕駝馬，亦曰惟不能群之故。群之道，群形質為下，群心智為上。」〔註19〕民族主義的思想已經潛藏於《變法通議》〔註20〕中。戊戌變法失敗後梁啟超流亡日本，

〔註16〕宗白華：《宗白華全集》（第1卷）〔M〕，合肥：安徽教育出版社，2008，第36頁，《我的創造少年中國的辦法》，原刊登於《少年中國》第一卷第2期，1919年8月15日出版。
〔註17〕宗白華：《宗白華全集》（第1卷）〔M〕，合肥：安徽教育出版社，2008，第38頁，《我的創造少年中國的辦法》，原刊登於《少年中國》第一卷第2期，1919年8月15日出版。
〔註18〕梁啟超：《飲冰室文集》，第二冊，中華書局出版社，1989年，第5卷，第8頁。
〔註19〕於1896年連載於上海《時務報》。
〔註20〕梁啟超：《飲冰室文集》，第一冊，中華書局出版社，1989年，第2頁。

在日本他比較系統的研究了歐洲的民族主義論著，並結合中國的實際，提出了許多發人深省的新見解。1899 年，梁啟超發表的《東籍月旦》中首次運用了「民族」一詞，據考證，「民族」和「民族主義」都是從日文借用而來。他在《東籍月旦》中評介當時有影響的世界史著作時稱這些論著「於民族之變遷，社會之情狀，政治之異同得失，……乃能言之詳盡焉」，又云：「著最近世史者，往往專敘其民族爭競變遷，政策之煩擾錯雜」〔註21〕。梁啟超從這種民族競爭的理念出發，又大膽地提出了民族主義是近代史學的靈魂。1901 年，梁啟超發表《中國史敘論》〔註22〕一文，首次提出了「中國民族」的概念，同年，梁啟超在文章《國家思想變遷異同論》一文中，寫到「民族主義者，世界最光明、正大、公平之主義也，不使他族侵我之自由，我亦毋侵他族之自由。其在於本國也，人之獨立，其在於世界也，國之獨立。使能率由此主義，各明其界限以及於未來永劫，豈非天地間一大快事！」〔註23〕之後，學者們高舉「民族主義」的旗幟，試圖藉此來激發民眾的聯合團結，反對帝國主義的一致對外的情緒。

　　宗白華自加入「少年中國」以來，一直鼓吹民族主義的精神，他在《戀愛詩的問題》中指出樂觀是一個人和一個民族向前進步的精神力量，那些處於前進和復興的社會，其文藝作品中所反映出來的精神氣質是樂觀的。他感歎當時中國民族的頹喪無力，「簡直是衰病老人的氣象，悲哀的氣憤而沒有一點振起抵抗的能力……青年的新文壇裏也是人人自稱『弱者』，人人口唱『悲哀』」〔註24〕，對比當時文壇中的悲哀、弱者氣息，宗白華指出當時美國「有惠特曼雄放無比的偉大樂觀，所以也有了美洲人少年勇進的建設氣象」〔註25〕。宗白華在一百年前就倡議中國的青年去創造具有樂觀精神的詩篇，應該大膽歌唱純潔的戀愛和雄麗的青春，以愉快舒暢的精神恢復中華民族〔註26〕

〔註21〕梁啟超：《飲冰室文集》，第二冊，中華書局出版社，1989 年，第 85 頁。

〔註22〕梁啟超：《飲冰室文集》，第三冊，中華書局出版社，1989 年，第 4 頁。

〔註23〕梁啟超：《飲冰室文集》，第三冊，中華書局出版社，1989 年，第 12 頁。

〔註24〕宗白華：《宗白華全集》（第 1 卷）〔M〕，合肥：安徽教育出版社，2008，第 421 頁，《致舜生壽昌書》，原刊登於《少年中國》第 4 卷第 2 期，1923 年 4 月出版。

〔註25〕宗白華：《宗白華全集》（第 1 卷）〔M〕，合肥：安徽教育出版社，2016，第 417 頁，《戀愛詩的問題》。原刊登於 1922 年 8 月 22 日《時事新報・學燈》。

〔註26〕宗白華在時隔五四運動十幾年之後的 1935 年再寫下《唐人詩歌中所表現的民族精神》，便是由於當時中國又遭受到了日本帝國主義的入侵，「民族主義」的大旗需要再一次被高舉。

的生命，作時代的指導者和領路人。後來，前往德國留學的宗白華更是親身
感受到了即使在困厄中的德國人，也有一種「盲目樂觀」的精神，不僅青年
生氣勃勃，學生積極勤學好問，連老年人的精神也健旺非常〔註27〕。宗白華
說他不擔心中國政治的黑暗，真正擔心的是青年人的未老先衰，毫無勇氣。
宗白華依據德國人民氣質中無處不流露出來的「樂觀」精神，當時就推測擁
有那樣盲目樂觀精神的德國必定能夠復興〔註28〕。他希望中國的青年們也能
學習德國青年在艱苦困厄中積極學習工作，努力創造的精神。

　　宗白華還於 1935 年寫下《唐人詩歌中所表現的民族精神》〔註29〕，來說
明「自信力」這種民族精神的重要性，並配合著唐朝各個不同時段反映在其
詩歌中的民族精神，具體地說明了文學對民族精神的表現，文學和藝術是時
代精神最敏銳的一條神經，如宗白華舉例說明大氣磅礡的「出塞曲」是初唐
興起和盛唐雄風〔註30〕的典型代表，他舉出一系列的例子，如陳子昂、駱賓
王、楊炯、劉希夷、曾參、李白、杜甫等人都寫了很多邊塞送別或者從軍行一
類大氣磅礡的詩歌，「出塞曲」成為唐代民族詩歌的結晶；而晚唐的詩壇則充
斥著哀怨悱惻的靡靡之音，宗白華以李商隱、杜牧和溫庭筠的作品舉例說明。
宗白華指出在唐朝的盛期，不光是詩歌，各類藝術都取得了恢宏的成就，「李
杜的詩歌，韓柳的文，龍門的造像，玄奘的智慧，歐、虞、褚、薛、顏、李，

〔註27〕 在發表於 1923 年 4 月《少年中國》上的《致舜生壽昌書》一文中，宗白華以
　　　　當時已經 60 歲的德國大作家 Hauptmann 為例，說他如何樂觀非常地鼓勵德
　　　　國人互相瞭解，互相支持，互相友愛。
〔註28〕 宗白華先生的此篇文章發表於 1922 年 8 月 22 日的《學燈》，時隔近百年之
　　　　後再回顧宗白華先生的這個寓言式的判斷，堪稱偉大的先見。他預言的應該
　　　　是當時一戰之後的德國能夠恢復，縱觀這近百年的歷史，德國還從二戰中恢
　　　　復得非常健康。
〔註29〕 宗白華：《意境》，商務印書館，2011 年，第 107 頁，《唐人詩歌中所表現的
　　　　民族精神》，原載《建國月刊》第 12 卷第 6 期，1935。
〔註30〕 關於初唐大氣磅礡的詩歌風格，有一種觀點認為其源自北朝草原民族的粗獷
　　　　之風，類似於北朝名歌《木蘭詩》。歷史學家陳寅恪曾有言：「李唐一族之所
　　　　以崛興，蓋取塞外野蠻精悍之血，注入中原文化頹廢之軀，舊染既除，新機
　　　　重啟，擴大恢張，遂能別創空前之世局。」而發展至唐玄宗，他開始主動放
　　　　棄原本血脈裏的草原身份，強調去除草原民族的野性，主動提出唐朝的正統
　　　　是從漢朝接續而來的。而在以唐太宗為代表的唐初的皇帝們，都是以南北朝
　　　　時期的北朝為正統，認為唐朝是從鮮卑人建立的北周帝國一脈繼承發展而來
　　　　的，唐太宗自己就是驍勇善戰的「天可汗」，而從唐高宗開始，唐朝的皇帝們
　　　　就再無李世民那樣御馬親征的經驗。

尤其是太宗的書法，王維、吳道子、閻立本的畫，無一不表示生命力的發皇和最高美的成就。」〔註31〕因此一個民族的生命與其藝術的生命是貫通的。宗白華高度讚揚司徒喬〔註32〕充滿渾樸元氣精神的畫作〔註33〕，稱他的畫不僅美在形象、色調與技法，更因為其透露出的情調、氣氛及絲毫不頹廢的深情與活力，他筆下的形象能夠使人感覺到身體的節拍，引發人們對生命的渴望，這一切在宗白華看來是中華民族所需要的，司徒喬的畫是應該用來作精神教育的。宗白華還提出，無論什麼樣式的文藝作品，都有左右民族的思想〔註34〕、轉變民族習性的可能性——它們既能提振民族精神〔註35〕，也能使民族精神趨於消沉。

宗白華還為民族國家的創造指明了道路，他說「近代『民族國家』的創造，都愛從自己民族的歷史神話裏窺見自己民族心靈的歷史」〔註36〕，因為近代的民族國家的創造就是從十九、二十世紀的歐洲興起的，現代民族國家的認同感來自共同的語言、傳統的歷史或文化，因此很多詩人、學者、作家都參與到了自己本民族國家的創造之中。宗白華指出歌德的《浮士德》就是這樣的民族神話的代表，「《浮士德》不僅是創造了日爾曼人的民族神話，而且是代表著『近代西洋人』的生命神話了。」〔註37〕德國人由於對浮士德神話的集體認知，而被凝聚成近代民族之林中的一個不斷奮進的國家，宗白華

〔註31〕宗白華：《宗白華全集》（第 2 卷）〔M〕，合肥：安徽教育出版社，2016，第231 頁。

〔註32〕司徒喬（1902～1958），廣東開平人。擅長油畫、素描。司徒喬原名司徒喬興，開平赤坎鎮塘邊村人。1924 年至 1926 年就讀於燕京大學神學院。1926 年在北京中央公園水榭舉辦個人第一次畫展。1928 年赴法國留學，師從寫實主義大師比魯。1930 年赴美國，以繪壁畫為生。翌年回國，任教於嶺南大學。代表作有《放下你的鞭子》、《三個老華僑》、《義民圖》等。

〔註33〕宗白華：《藝境》，商務印書館，2011，第 177 頁，《圓山堡讀書記》。

〔註34〕黑格爾在其《美學》中就談了很多藝術跟民族性的關係，黑格爾認為在藝術作品中各民族留下了他們的最豐富的見解和思想；美的藝術對於瞭解哲理和宗教往往是一把鑰匙，而且對於許多民族來說，是唯一的鑰匙。藝術之所以異於宗教與哲學，在於藝術用感性形式表現最崇高的東西，因此，使這最崇高的東西更接近自然現象，更接近我們的感覺和情感。

〔註35〕宗白華：《意境》，商務印書館，2011 年，第 107 頁，《唐人詩歌中所表現的民族精神》，原載《建國月刊》第 12 卷第 6 期，1935。

〔註36〕宗白華：《宗白華全集》（第 2 卷）〔M〕，合肥：安徽教育出版社，2016，第250 頁。

〔註37〕宗白華：《宗白華全集》（第 2 卷）〔M〕，合肥：安徽教育出版社，2016，第250 頁。

也呼籲中國的詩人作家們擔任起這個民族神話和文化創造的任務。

抗日戰爭時期，宗白華再次高舉民族主義和愛國主義大旗，他讚美因為受到五千年國魂精神感召的戰士們個個為了保衛國家視死如歸，他高呼「我們應該恢復漢唐的偉大，使我們的文化照耀世界。」〔註38〕他再次呼籲大家愛國，鼓勵大家一起建立一個理想中的國家；他還讚美民族英雄夏完淳是「最純潔的最可愛的至性之人……他有天神似的純潔，卻富有最高度的人間熱情。」〔註39〕宗白華希望用夏完淳的精神來鼓勵中華民族倔強奮鬥，抗擊敵寇。

四、宗白華是西學東漸歷史進程的重要參與者

以宗白華為代表的知識分子對西方知識的接受與介紹在當時屬於西學東漸的一部分。西學東漸指的是從明代後期到近代中國西方學術思想向中國傳播的過程，從明朝時期利瑪竇來華傳播天主教又將《幾何原本》等書帶入中國起，來華的洋人、出海的華人，將西方的數學、哲學、天文、物理、政治學、經濟學、文學、藝術等大量學術思想通過翻譯書籍等形式帶入中國，對中國產生了多方面的影響。

如果西學東漸的前期（明末至清初）中國是被動地接受來自西方的知識，主要由傳教士一邊傳教一邊介紹科學技術知識，從思想上沒有產生重大變化和影響，那麼西學東漸的後期（鴉片戰爭前後到五四運動時期），主要是中國人主動學習西方知識，向西方學習是為了「自強」、「求富」，與愛國主義精神交融在了一起。宗白華等人對西方哲學、尤其是生命哲學的介紹就屬於西學東漸後期的主動學習，他們是將自己放在中國社會啟蒙者的位置來引入西方哲學和思想的，並且以教化大眾為己任。

鴉片戰爭之後，林則徐就意識到了學習西方先進文化的重要性，他編譯了《四洲志》，《四洲志》簡要介紹了亞洲、歐洲、非洲、美洲四大洲30多個國家的基本情況，是中國近代最早的百科全書。《四洲志》主要依據英國人慕瑞的《世界地理大全》（1836）翻譯，後來魏源也是在《四洲志》的基礎上編著成《海國圖志》，魏源在原本各國地理的基礎上添加了各地的歷史政治和風

〔註38〕宗白華：《宗白華全集》（第2卷）〔M〕，合肥：安徽教育出版社，2016，第169頁，《〈學燈〉擎起時代的火炬》，原刊登於《時事新報・學燈》（渝版）第1期，1938年6月5日。

〔註39〕宗白華：《宗白華全集》（第2卷）〔M〕，合肥：安徽教育出版社，1996年，172頁。

土人情，在書中提出了「師夷長技以制夷」的思想，主張學習西方國家的科學技術。這個時期人們注重介紹西方的地理歷史，代表作還有徐繼佘的《瀛環志略》、裨治文的《大美聯邦志略》、華蘅芳的《地學淺釋》等。

李善蘭是將西方的學科引入中國的先驅，他首先把西方的近代物理學翻譯為中文，並且將天文學、生物學等最新成果介紹到中國，他為近代科學在中國的傳播起到了開創性的貢獻。後嚴復翻譯《天演論》就是西方當時生物學的最新成果，以達爾文進化論為代表的西方生物學在中國掀起了保種救國的狂瀾。

之後的仁人志士則注重引進西方的制度思想，以康有為、梁啟超、譚嗣同為代表的思想家重點宣傳介紹了西方的民主思想和政治制度，發起了戊戌變法，雖然最後變法沒有成功，但是促進了思想解放。後來孫中山、黃興等人將資產階級的革命思想傳入中國，以暴力的手段推翻封建主義、建立資產階級共和國的思想成為一時期西學東漸的主流。

王國維是將西方的哲學和文學引進中國的代表性人物，他不僅將康德、叔本華和尼采的哲學介紹到中國，還第一次全面向中國介紹了以托爾斯泰為代表的俄羅斯文化，將他的《戰爭與和平》、《安娜·卡列尼娜》、《復活》等代表作介紹到中國。他還對莎士比亞、歌德、但丁等人進行了比較研究。王國維不僅將西方的美學介紹引入中國，他還是中國美育理論的先驅，1906 年，王國維在他所寫的《教育之宗旨》一文中，首次提出「美育」一詞，在中國教育史上第一個倡導德、智、美、體四育並舉的教育理念，明確提出了教育之宗旨為培養「完全之人物」，而體育和心育是「完全之人物」兩大重要方面，心育又以美育為首，加之德育和知育，王國維為中國現代教育理論的創建作出了劃時代的貢獻。

宗白華在對西學東漸的參與中算得上是王國維的後輩，他青年時期在王國維之後再一次把叔本華、康德、尼采等哲學家的思想介紹給大家，並且重點介紹了柏格森的創化論。可以說宗白華的一生的學術實踐都是「西學東漸」的一脈，他前往德國留學，就是因為想更深入地學習研究德國文化，「特別是德國古典文學中的倫理性激情來促進中國的變革」〔註 40〕。宗白華留學德國法蘭克福大學及柏林大學，接受了嚴謹的美學與藝術學（kunstwissenschaft）教育，在柏林大學就讀期間師從藝術學的創始人之一瑪克斯·德索（Max

---

〔註 40〕〔德〕Wolfgang Kubin（顧彬）：《美與虛——宗白華漫淡》，《美學的雙峰》，1999 年，第 379 頁。

Dessoir）〔註41〕，學貫東西的宗白華歸國後就一直在大學教授美學、藝術學等課程，他不僅翻譯西方著名哲學著作，還將西方的思想和文化引入中國。宗白華剛到德國時說「現在卻是不可不借些西洋的血脈和精神來，使我們病體復蘇。幾十年內仍是以介紹西學為第一要務」〔註42〕。

宗白華是中國最早開設「藝術學」課程的人，「藝術學」最早由德國哲學家菲特勒（Conrad Fiedler）於 1867 年在他的《論造型藝術作品的評價》（Über die Beurteilung von Werken der Bilden den Kunst）一文中首次提出，Kunstwissenschaft 直譯為「藝術科學」，後正式命名為「藝術學」。雖然西方的美學始終跟其藝術互為表裏，以藝術為基礎，但是從 19 世紀下半葉起，德國藝術史學家瑪克斯・德索（Max Dessoir）、康拉德・費德勒（Konrad Fiedler）、德國藝術學家格羅塞（Ernst Grosse）和烏提茲（Emil Utitz）等人在開始努力使藝術學脫離美學學科，在歐洲大陸推行「一般藝術學」運動。宗白華在德國柏林大學求學期間的導師瑪克斯・德索在他的《美學與一般藝術學》（1907）（Asthetik und allgemeine unstwissenschaft）中對美學和藝術學進行了具體的區別，指出美學主要討論的是美學的方法、美的對象、美的印象和美的範圍等問題；而藝術學則包含了藝術的創作、藝術的發生、藝術的體系和藝術的機能等問題。宗白華在 1925～1928 年在中央大學哲學系同時開設了「藝術學」與「美學」兩門課，並且為其所開設課程所撰寫了一份名為《藝術學》的講稿資料。

宗白華從三十年代起就著手翻譯西方的文學與哲學作品〔註43〕，他翻譯了很多跟歌德相關的作品，如歌德的詩歌，歌德與席勒的通信以及西方人關於歌德的研究；文藝理論方面他翻譯了萊辛的《拉奧孔》、溫克爾曼的美學選文，康德的《判斷力批判》；他還翻譯了瓦爾特・赫斯的《歐洲現代畫派畫論》，系統地介紹了西方現代繪畫的各個流派（如印象派、野獸派、立體派等）；在他生命的晚期，他還翻譯了一些馬克思美學的相關研究論文。葉朗在訪談中回憶宗白華說他「宗先生淡定隨性，靈感妙手得之」〔註44〕，翻譯書也很隨性，閱讀的時候覺得哪一段好就即興翻譯出來，不翻譯全書。

〔註41〕 瑪克斯・德索（1867～1947），德國心理學家和美學家，是二十世紀初藝術科學論思潮的主要代表人物，其代表作為《美學與藝術理論》。
〔註42〕 宗白華：《宗白華全集》（一），安徽教育出版社，2016，第 321 頁，《自德見寄書》，原刊登於 1921 年 2 月 11 日《時事新報・學燈》。
〔註43〕 詳細可見《宗白華全集》（四），此冊是對宗白華生前所翻譯作品的收集。
〔註44〕 劉文嘉：《葉朗：美不自美，因人而彰》，《光明日報》，2010 年 8 月 6 日 12 版。

　　宗白華在引進西方學術方面做出了重要貢獻的同時，還是中國文化「走出去」的堅實倡導者，留學德國期間，他就提出使「東西方文化結婚」〔註45〕的觀點，這來自 1920 年聖誕節前夕宗白華給《學燈》欄目寄回的《自德見寄書》一文中，宗白華在文中談自己初到歐洲兩個來月的體會，他驚喜的發現當國內向西方學習的文化運動很勝之時，歐洲人正在就一戰的失敗而反思歐洲文化的問題，積極介紹和讚美東方文化，用以療治西方社會的問題，他將這種現象稱為「東西對流」〔註46〕。這讓他清楚地意識到大不應該有文化和民族自卑主義的情節，兩種文化本來就應該取長補短，共同進步，天下大同。因為宗白華認為東方文化是一種靜觀的文化，西方文化進取運動〔註47〕，當靜觀的文化主導太久而使中國停滯不前時，中國需要借西方的動來促發，隨之俱動；而動的文化主宰西方太久之導致躁動和戰爭時，疲倦的西方社會也自然會仰慕東方的靜觀的世界。1921 年 2 月 15 日，宗白華與王光祈在法蘭克福建立了中德文化研究會，辦會宗旨是為了將德國文化傳回中國，同時將中國文化傳播到德國，促進這種文化的對流。

　　宗白華在任教期間，也不斷向學生們傳達中國文化「走出去」的觀點，王岳川在他的《宗白華的散步美學境界》一文中回憶到「在未名湖他（宗白華）昏暗的家中，他對我說：『如果說 20 世紀 30 年代是『開窗』，讓歐風美雨進入風雨如磐的舊中國，那麼 20 世紀 80 年代就應該『開門』，讓中國文化走向世界。』」〔註48〕

第二節　宗白華對西方生命哲學的引進與借用

　　生命哲學是興起於 19 世紀末 20 世紀初的德國法國的一個哲學流派，其試圖用生命的發生與發展來解釋宇宙，代表理論有叔本華的生存意志、尼采

〔註45〕宗白華：《宗白華全集》（一），安徽教育出版社，2016，第 320 頁，《自德見寄書》，原刊登於 1921 年 2 月 11 日《時事新報·學燈》。

〔註46〕宗白華：《宗白華全集》（一），安徽教育出版社，2016，第 320 頁，《自德見寄書》，原刊登於 1921 年 2 月 11 日《時事新報·學燈》。

〔註47〕關於宗白華將東方文化總結為靜觀文化，西方文化總結為「動」之文化，郭沫若很快就寫了信進行了反駁，他稱中國文化中也有非常積極進取的方面，如儒家的「修身齊家治國平天下」的追求；也指出西方代表文化的希臘文化其實被認為是一種酒神動的精神與太陽神靜的精神結合的文化。

〔註48〕王岳川：《宗白華的散步美學境界》，《文藝爭鳴》，2017 年，第 3 期，第 99 頁。

的權力意志、達爾文的進化論、柏格生的創化論、狄爾泰的體驗論等，西方生命哲學興起是作為對西方唯理性哲學的反叛出現的，其重視非理性和唯體驗的認識論。這些哲學家賦予了生命本質以本體論的意義，「生命」不是指現實世界裏的生命，而是一種主觀的非理性的心理體驗，是一股健動不息的力量，是源源不斷的能量，是非物質、非實體的，是不可度量的旺盛活力，生命哲學具有反科學主義的傾向，主要反對的是把生命視為一個生物機體的機械主義，主要代表人有狄爾泰、伯格森等。「存在」是傳統形而上學的中心，其意義是本體、本質；到了生命哲學家這裡，「生成」變成了中心，其意義是過程、創造。生命是一股健動不息的力量，是源源不斷的能量，是非物質、非實體的，是不可度量的旺盛活力。

當中國的知識分子開始努力去瞭解西方的思想時，呈現在眼前的思想是非常多的，宗白華跟當時很多進步愛國青年一樣，憂天下之憂而憂，希望找到一種能夠喚起中國力量的思想、一種能夠使民族進步的力量。劉小楓寫到：「《少年中國》時代的宗白華，面對時代的混亂、人心的離散、民族精神的流弊，深切感到人格的改塑乃是最為首要的問題。要改造『機械的人生』、『自利的人生』，必須從生命情調入手。這些論點明顯帶有對現代性問題作出哲學反應的意味，恰如本世紀初德國生命哲學（狄爾泰、西默爾、奧依肯）是作為對現代性的精神危機問題作出反應而出場的。」〔註49〕

生命哲學家把宇宙的本原歸結為生命，生命是一種精神性的充滿了活力的創造力量，它永不停息，一切社會活動都是由生命的運動演化出來的，活力是一切生命的源泉、美的源泉。因此，當西方生命哲學進入這批迫切想救國的愛國人士的視野時，他們被其積極奮進的力量深深吸引了，迫不及待地想用之振奮中國人的精神世界、提升中華民族的境界、促進中國社會的進步，「本來就重視生命問題的青年宗白華，在接觸德國哲學時，很快就與當時流行的生命哲學一拍即合。」〔註50〕

一、柏格森的生命在於創造

柏格森「創化論」最為深刻地影響了此時期的宗白華，宗白華還專門寫

〔註49〕劉小楓：《湖畔漫步的美學老人──憶念宗白華師》，《讀書》，1988 年第一期，113 頁。

〔註50〕劉小楓：《湖畔漫步的美學老人──憶念宗白華師》，《讀書》，1988 年第一期，113 頁。

過《讀柏格森「創化論」雜感》介紹柏格森的哲學，非常準確地指出了柏格森從心理學中意識的「綿延」推導至生物現象和大宇宙全體的綿延創造。宗白華激動地指出：「柏格森的創化論中深含著一種偉大的入世的精神，創造進化的意志，最適宜做我們中國青年的宇宙觀。」〔註51〕

柏格森的《創造進化論》是一部基於心理學和生物學的對達爾文進化論的進一步闡釋，在此書中柏格森提出和論證了「生命衝動」的理論和直覺主義方法論，並對之前的目的論和機械論的進化哲學體系進行了批判。伯格森堅持「生命衝動」是世界的真正實在和本源，生命衝動是完全自由的，生命自由是非理性的衝動，盲目、偶然、無法預知。「生命」不是指現實世界裏的生命，而是一種主觀的非理性的心理體驗，是一種創造世界萬物的宇宙意志，生命衝動表現為創造，藝術的創造，美的創造，因此一切美學都是以人類自身的「生命衝動」為基底的。「生命衝動」創造萬物有向上和向下兩種方式：順應自然地向上生長，產生了一切有生命的形式；逆轉自然的向下墜落，產生一切無生命的物質，世界萬事萬物就是在向上也向下的無限周旋和不停歇中被創造的。伯格森的生命哲學影響到了後世無數的藝術家，生命衝動表現為創造，藝術的創造，美的創造，一切美學都是以人類自身的「生命之流」為基底的，從廣義上講，人類美學史在伯格森的意義上可以視為一部人類生命美學史。

關於柏格森直覺主義的方法論，宗白華做過詳細的解釋，他說柏格森的「直覺主義」跟人們普遍說的「直覺」不同，宗白華將伯格森的「直覺」歸納為「直接體驗吾人心意的綿延創化以窺測大宇宙的真相……柏格森注意直覺，教人注重吾人直接經驗的心意現象。這心意現象的綿延創化是他哲學的基礎」〔註52〕。

「創造」是宗白華從柏格森創化論中得到的最重要關鍵詞，他多次用「創造」作為自己文章的靈魂，如他此時期最有代表性的文章《我的創造少年中國的辦法》、《中國青年的奮鬥生活與創造生活》直接用「創造」作為標題，在

〔註51〕宗白華：《宗白華全集》（第1卷）〔M〕，合肥：安徽教育出版社，2016，第79頁，《讀柏格森「創化論」雜感》，原刊登說《時事新報·學燈》，1919年11月12日出版。

〔註52〕見於文章《讀柏格森「創化論」雜感》，筆者認為，柏格森的「直覺」與佛理中的「頓悟」很相似，因此猜測柏格森的哲學是否也受到東方佛教思想的影響。

《中國青年的奮鬥生活與創造生活》中他還寫到「我們人類生活的內容本來
就是奮鬥與創造，我們一天不奮鬥就要被環境的勢力所壓迫，歸於天演淘汰，
不能生存；我們一天不創造，就要生機停滯，不能適應環境潮流，無從進化，
所以，我們真正生活的內容就是奮鬥與創造。我們不奮鬥不創造就沒有生活，
就不是生活。」〔註53〕「我們的生活總是創造的。每天總要創造一點東西來，
才算過了一天，否則就違抗大宇宙的創造力，我們就要歸於天演淘汰了」〔註
54〕、「我們每天的生活就是對於小己人格有所創造的生活，或是研究學理以
增長見解，或是流連美術以陶冶性情，或是經歷困厄以磨練意志……我們對
於小己實負有時時創造新人格的責任」〔註55〕、「我向來主張我們青年須向大
宇宙自然界中創造我們高尚健全的人格……我以為人類最高的幸福在於時時
創造更高的新人格」〔註56〕……

　　「創造」在柏格森的哲學體系中可以等同於「綿延」，指的是一種在時間
維度中的經歷、擴展和累積，如柏格森在自己的書中多次提到「創造」：「生
命超越了目的論和機械論，心靈的生命超越了機械的和智力的範疇。真正的
綿延（duration）既意味著未被分割的連續性，也意味著創造，本書用這樣的
思想看待總體的生命」〔註57〕、「如果我們都是畫師，我們生命的這一瞬間就
像是我們為自己的生命所創造出來的作品……我們每時每刻都在創造著自
己，我們就是我們的所作所為，也就是我們持續不斷的自我創造」〔註58〕……
野獸派的馬蒂斯的名作《舞蹈者》便像馬蒂斯用藝術來為伯格森哲學所作的
闡釋：畫中的「舞蹈」表現出了那種身體無限的活力、柔軟、力度，線條誇張

〔註53〕宗白華：《宗白華全集》（第1卷）〔M〕，合肥：安徽教育出版社，2016，第
　　　　92頁，《中國青年的奮鬥生活與創造生活》，原刊登於《少年中國》第一卷第
　　　　5期，1919年11月15日出版。
〔註54〕宗白華：《宗白華全集》（第1卷）〔M〕，合肥：安徽教育出版社，2016，第
　　　　41頁，《致康白情等書》，原刊登於《少年中國》第一卷第3期，1919年9月
　　　　15日出版。
〔註55〕宗白華：《宗白華全集》（第1卷）〔M〕，合肥：安徽教育出版社，2016，第
　　　　98頁，《中國青年的奮鬥生活與創造生活》，原刊登於《少年中國》第一卷第
　　　　5期，1919年11月15日出版。
〔註56〕宗白華：《宗白華全集》（第1卷）〔M〕，合肥：安徽教育出版社，2016，第
　　　　99頁，《中國青年的奮鬥生活與創造生活》，原刊登於《少年中國》第一卷第
　　　　5期，1919年11月15日出版。
〔註57〕柏格森：《創造進行論》，〔M〕，北京：華夏出版社，2000，第6頁。
〔註58〕柏格森：《創造進行論》，〔M〕，北京：華夏出版社，2000，第11頁。

和色彩誇張的結合，《舞蹈者》背景極其簡化，雖名《舞蹈者》，但馬蒂斯並不是在畫跳舞的人，而是在畫「舞蹈」本身，「生命」本身，生命的狂放，舞蹈的單純。宗白華的很多表述跟柏格森類似，在他們看來，宇宙的延續、時間的綿延、個人的歷史與生活都是不斷地創造，是一種自強不息。

宗白華在《少年中國》第一卷第一期中發表的文章即《說人生觀》〔註 59〕，他寫到宇宙觀是用來解釋世界變化原因的，人生觀是由宇宙觀決定的，宗白華提倡用柏格森的創造進化論作中國青年的宇宙觀，是希望中國的青年能夠有一種樂觀超然的、積極入世的人生觀。之所以這麼迫切地借助西方的思想來改造中國青年的人生觀，是因為在宗白華看來，「中國人根性，頗多消極，青年學者尤甚。每致心於優美之玄想，不喜躬親實事。而智慧最高者尤孤冷多出世之想」〔註 60〕，面對中國青年們普遍的消極、空想的慣性，宗白華希望將他們的出世之人生觀用創化論的思想改造成超世入世的人生觀。

二、叔本華無處不在的生存意志

叔本華的「生存意志」是最早引起宗白華注意的，1917 年，年僅 20 歲的宗白華在《丙辰》雜誌第四期上發表其哲學處女作《蕭彭浩哲學大意》，熱情洋溢地將叔本華的哲學思想介紹給大家。在叔本華的哲學體系中，「意志」是世界的本源，而所謂的「真實的世界」僅為表象，只有「意志」是真實的，「意志」也是超越唯心唯物之區分的。「意志」具體說來是生存意志、生命意志，宗白華寫到：「此意志為渾沌無知之欲，所欲者，即茲生存（所謂生存者，即現此世中）……一切意志，唯是求生。」〔註 61〕在叔本華的哲學體系中「意志」是這個世界的第一推力，是一種永不停歇的力量，「意志」中蘊含著無窮的生命，整個世界都是這種「意志」的表象。如果人生是一場大夢，那麼生命意志則為這場人生大夢的總導演，其雖無形遁影，卻無處不在地發揮著影響，

〔註 59〕宗白華：《宗白華全集》（第 1 卷）〔M〕，合肥：安徽教育出版社，2016，第 17 頁，《說人生觀》，原刊登於《少年中國》第一卷第 1 期，1919 年 7 月 15 日出版。

〔註 60〕宗白華：《宗白華全集》（第 1 卷）〔M〕，合肥：安徽教育出版社，2016，第 30 頁，《致少年中國會函》，原刊登於《少年中國》第 1 卷第 2 期，1919 年 8 月 15 日出版。

〔註 61〕宗白華：《宗白華全集》（第 1 卷）〔M〕，合肥：安徽教育出版社，2016，第 3 頁、第 8 頁，《蕭彭浩哲學大意》，原刊登說《丙辰》雜誌第四期，1917 年 6 月 1 日出版。

如最低等的動物都有「趨利避害」的求生意志，宗白華寫到「如水中極小動物，無目無耳，渾然無知，然生動有覺，知趨生避死，其自覺中決無思想，亦無世界，惟一求生之意志而已。下至無機體間，亦可見意志之發現」〔註62〕，這裡所說的「意志」即可以理解為包括人在內的一般動物都存在的一種本能「生存欲」。宗白華在《哲學雜述》一文中宗白華將「意志」跟「力」並舉，指出「外物運動原因名曰力，吾身運動原因名曰意志」〔註63〕。叔本華的理論是對當時流行的理性主義的一種反動，他強調「生命意志」才是推動世界發展的第一「推力」，「我想要」（意志）做一件世界比知道「如何去做」（理性）更重要。

當王國維將叔本華的思想引入中國時，叔本華思想的悲觀方面呈現在世人眼前，因為欲望永遠不會得到滿足而產生的痛苦，唯有消滅了意志、達到涅槃的狀態才能得到解脫。而宗白華在介紹叔本華的「意志」哲學時，卻看到了其非常積極的因素——各物種因為有生存的意志而得其保全和發展，宗白華寫到：「意志之直接現象，在種類而不在個人。是以保種傳代之思，如是其強，宇宙間生物而下，無機體間之意志，尚無知識，不過渾沌之欲而已……」宗白華從無機物也受到生存意志的驅使而不斷發展繁衍，發現了民族奮進發展的力量，跟當時中國在甲午戰爭後興起的「保種、保國、保教」的愛國主義思潮是分不開的。

另外，叔本華的「天才觀」應該對宗白華也有重要影響，宗白華認為天才有著亦非尋常之高的生命情緒，天才應該「強烈的情緒、生命力極高、energy極富」〔註64〕，宗白華寫到。叔本華認為一直保持的「天真」是天才的一大特點，因為他認為只有天才能夠抵禦住社會的世故、複雜與多變，一直保持一種孩童般的天真與熱情。叔本華在其散文《論天才》中以歌德為例〔註65〕，

〔註62〕宗白華：《宗白華全集》（第1卷）〔M〕，合肥：安徽教育出版社，2016，第7頁，《蕭彭浩哲學大意》，原刊登說《丙辰》雜誌第四期，1917年6月1日出版。

〔註63〕宗白華：《宗白華全集》（第1卷）〔M〕，合肥：安徽教育出版社，2008，第33頁，《哲學雜述》，原刊登於《少年中國》第一卷第2期，1919年8月15日出版。

〔註64〕宗白華：《宗白華全集》（第1卷）〔M〕，合肥：安徽教育出版社，2008，第491頁。

〔註65〕〔德〕叔本華：《叔本華思想隨筆》，〔M〕，上海：上海人民出版社，2005，第9頁。

提到同時代的人在回憶起歌德時，通常都提到歌德即使到了很大的年齡，都一直保留著很多像孩子般的舉止和態度。宗白華認為藝術的天才應該包括敏銳的感覺能力、超強的記憶力、對世界強烈的興趣和強烈的想像力，而這些都是旺盛生命力的表現。

總之，叔本華的思想是宗白華進入哲學學習和研究的起點，通過叔本華，西方哲學、尤其是德國哲學展現在青年時期的宗白華眼中。雖然宗白華從叔本華的哲學裏吸取了很多養料，但跟叔本華意志哲學所呈現出來的消極悲觀的基調（意志決定了一切，在無所不在的意志面前，人是無力的，人的努力也是徒勞的）比起來，宗白華的生命美學呈現出的則是一派剛健清新的樂觀態度，宗白華的「生命」跟叔本華的「意志」一樣是普遍周在的，但宗白華的「生命」擁有一種超拔的精神，是一種整體向上的意志，這一點是跟叔本華的唯意志論有著本質的區別的。

三、尼采的生命強力

尼采是另外一位極力為「生命」正名的哲學家，他繼承了其導師叔本華的意志論，在他的哲學體系中，「生命」進一步成為了「強力意志」／「生命意志」，化為了活生生的人的本能衝動的洪流，「生命」是壓抑不住也掩蓋不住的生存的意志，生命是尼采採用以衡量和重估一切價值、從而建立所有價值的力量，提升還是阻礙生命，是尼采對一切事物進行考量的唯一準繩。

宗白華沒有寫專門的文章介紹尼采的哲學，但是尼采的思想多處被宗白華直接或間接地引用。尼采哲學深刻地影響了中國二十世紀的思想變化，王國維是第一個認真把尼采介紹到中國的學者。尼采和宗白華，兩者都面臨著社會發生劇烈的變化，兩人都生活在傳統的主流思想受到深刻懷疑的時期；尼采反傳統，宗白華反封建禮教，尼采徹底否定了上帝和基督教神學，反對西方傳統中「形而上學」的絕對理性，宗白華反在封建思想束縛下人的死氣沉沉……因此宗白華對尼采思想的接受也非常自然。尼采最早意識到西方理性主義的危機，他擲地有聲地發出了「重估一切價值」的口號，尼采痛恨蘇格拉底，說他是頹廢派，就在於尼采認為蘇格拉底的不斷接近本質的提問方式其實相當於將科學的方法引進了人文學科，不斷拋棄現象和感性，最後達到一個誇克的、看似接近「本質」，卻將一切虛無化了的世界。

「超人 ueermensch 哲學」常常被宗白華提起，如「我們做人的責任，就

是發展我們健全的人格，再創造向上的新人格，永進不息，向著『超人』的境界做法。對於小己的智慧要日進於深廣，對於感覺要日進於優美，對於意志要日進於宏毅，對於體魄要日進於堅強，每日間總要自強不息」〔註66〕。宗白華理想中的「中國少年」，其實就是尼采那要對一切傳統的道德和文化進行重估的「超人」，他們都是擁有新的世界觀、新的人生觀和價值體系的人；他們是不斷旺盛創造之人，最能體現生命強力之人，是永遠進取的生活的強者；他們最獨立，最有膽量，同時又最能忍受苦痛折磨，擁有超凡的意志力，他們是帶領一民族走出困境的希望。在尼采看來，如拿破崙、歌德、貝多芬、魯本斯等上層的歐洲人和偉大的政治先驅對生存持最大肯定，表現出強力意志，從這些人身上，尼采發現了我們應該有的對待生命的一種態度；宗白華最崇敬的歌德就是這樣擁有大欲望、大生命力的人物代表。

另外，宗白華在《我的創造少年中國的辦法》一文中多次提及「山林高曠」、「用新鮮的空氣和高曠的地點」等意象，都能看到尼采在《瞧，這個人》中所提及的高原清新的空氣的影子，尼采稱自己的思想是「來自高山的清新空氣」，能夠使人精神煥發，他寫到「我要飛到最高的峰上，重新去發現快樂之泉……這裡有一種生命，在這生命的海洋上，沒有賤民與我同飲！」、「我們要像強風一樣，居住在高高的頂上，與老鷹為鄰，與白雪為鄰，與太陽為鄰……」。〔註67〕

尼采的日神精神和酒神精神，即夢與醉對宗白華也產生了重要影響，宗白華多次在不同的文章中提到這一組對照，如在其《中國藝術意境之誕生》一文中：「元代大畫家黃子久以狄奧尼索斯的熱情深入宇宙的動象，宋畫家米友仁卻以阿波羅式的寧靜涵映世界的廣大精微，代表著藝術生活上兩種最高精神形式」〔註68〕。日神與酒神，是古希臘神話中的兩種形象，分別代表著理性精神和情感力量。尼采高揚狄奧尼索斯精神（酒神精神），反對阿波羅精神（理性精神）。他認為，音樂是純粹的酒神藝術，而酒神精神心靈的一種至深的本

〔註66〕宗白華：《宗白華全集》（第1卷）〔M〕，合肥：安徽教育出版社，2016，第98頁，《中國青年的奮鬥生活與創造生活》，原刊登於《少年中國》第一卷第5期，1919年11月15日出版。

〔註67〕〔德〕尼采：《瞧！這個人》，〔M〕，中國和平出版社，2008，第5頁。

〔註68〕宗白華：《宗白華全集》（第2卷）〔M〕，合肥：安徽教育出版社，2016，第361頁，《中國藝術意境之誕生（增訂稿）》，大概創作於宗白華46歲，原刊於《哲學評論》第8卷第5期。

能，酒神狀態是整個情緒系統的激動亢奮，醉是酒神精神在日常中的表現，音樂是酒神精神在藝術中的表現，而雕刻是日神精神在藝術中的表現。

　　尼采認為酒神狄奧尼索斯身上所體現的生命意志是所有藝術及美的唯一本源，其具有一種與道德無關的魅力。相較於柏拉圖哲學將「美」、「欲」與「貧乏」聯繫〔註69〕起來不同，尼采認為古希臘人對於美的那樣的強烈的渴求是出自於快樂、力量、漫溢的健康和過度的充實，這些思想都影響到了宗白華。尼采在其《悲劇的誕生》中高度讚揚了代表著飽滿生命力及充盈欲望的酒神狄奧尼索斯，在其自傳《瞧！這個人》的前言中，尼采說「我寧願當薩提爾，也不願當聖人！」〔註70〕半羊半人的薩提爾是酒神的坐騎、經常伴隨酒神左右的夥伴，是歡騰嬉戲和旺盛性慾的象徵，同時也是「酒神精神」的一個標誌。古希臘的悲劇藝術被尼采視為酒神藝術的代表，其表達著強烈的意志，激烈的衝突，不同於叔本華的悲劇觀，尼采提出悲劇精神是基於生命的旺盛以及旺盛生命在生成中的痛苦。

　　宗白華從尼采這裡汲取了生命的強度與力度，卻摒棄了其狂暴、無序的一面，用中國文化裏中庸的思想對生命進行了秩序性地規定，使之「生生而條理」，達到了一種充沛和秩序的平衡。宗白華激動地宣布代表尼采理想文化中日神精神與酒神精神的結合的和諧的文化，只有「在希臘和中國曾經有過。」〔註71〕，因為在宗白華看來，「我們的文化是精神的，同時是非常現實的；是剛毅的，同時是慈祥的；是有力的，同時是美的。」〔註72〕面對尼采所擁有的這種典型的對立、二分思想，宗白華的生命美學則像是一種對酒神精神和日神精神的平衡，宗白華的生命美學既有酒神精神的充滿舒張，又有日神精神的克制與秩序。

四、狄爾泰的生命體驗

　　宗白華受到狄爾泰生命體驗的影響，認為生活的本質就是經驗／體驗，

〔註69〕〔古希臘〕柏拉圖：《會飲篇》〔M〕，商務印書館，2013。

〔註70〕〔德〕尼采：《瞧！這個人》，〔M〕，中國和平出版社，2008，前言。

〔註71〕宗白華：《宗白華全集》（第2卷）〔M〕，合肥：安徽教育出版社，2016，第169頁，《〈學燈〉擎起時代的火炬》，原刊登於《時事新報·學燈》（渝版）第1期，1938年6月5日。

〔註72〕宗白華：《宗白華全集》（第2卷）〔M〕，合肥：安徽教育出版社，2016，第169頁，《〈學燈〉擎起時代的火炬》，原刊登於《時事新報·學燈》（渝版）第1期，1938年6月5日。

把體驗視為個人生命的基石，生活的和世界的意義就是由生命體驗創造出來的，狄爾泰的「體驗」是建立在生命之上的，包括個體的生命和歷史的共同生命。在《怎樣使我們生活豐富》一文中宗白華提到「生活就是我們對外經驗和對內經驗總全的名稱……我對於『生活』二字認定的解釋，就是『生活』等於『人生經驗的全體。』生活即是經驗，生活豐富即是經驗豐富」〔註73〕。狄爾泰等體驗美學家認為人的生命體驗和詩意表達不是借助邏輯思維，而是由同質的生命之流的互滲融合，並且狄爾泰認為物理世界的範疇不適用於把握生活世界，而應該用「領會」、「解釋」和「體驗」來把握生命。領會不同於客觀的認識或者數據的記錄分析，具有高度的交互性，其不僅是對對象的認識，同時也是對自身的認識，在《怎樣使我們生活豐富？》一文中，宗白華還指出「經驗不是一種消極被動的容納，而是一種積極的創造行為，我們具有使生活豐富、經驗豐富的可能性。我們能用主觀的方法，使我們的生活儘量的豐富、優美、愉快、有價值。」〔註74〕「體驗 erleben」是狄爾泰生命哲學的另一個重要維度，其詞根「leben」是德語中「生活」的意思，「er」在德語中是一個具有能動意味的前綴，即在狄爾泰看來，「體驗」是一種使生活變得生氣盎然的活動，或者說，體驗即生命的本體，正是對世界一切的親身參與及體驗，情感的投入與交互，構成了各不相同又精彩紛呈的生命歷程〔註75〕。

狄爾泰還非常重視藝術體驗，在他看來，藝術關乎生命本體，藝術能夠激發起人的主體意識，藝術的想像可以使人的生命突破功利性的現實處境，天才能夠創作出色的作品就是因為他們具有超出常人的想像力，將無限的遠景引入到人有限的生命當中，這一點被宗白華繼承為藝術的人生化和人生的藝術化，我們在欣賞和接受藝術作品的過程其實就是我們生命實現的過程之一，我們對所有藝術作品的理解只有達到生命層面才是對它的深刻領悟，從這個意義上而言，所有的藝術批評都是一種對生命的闡釋，對藝術的不同理解體現的是人們的不同生命的境界，當我們面對一件藝術作品的時候，其實是通過藝術作品照見了我們自身。

在劉小楓回憶老師宗白華的文章中，劉小楓寫到宗白華在最艱難的歲月

〔註73〕宗白華：《宗白華全集》（第 1 卷）〔M〕，合肥：安徽教育出版社，2008，第 191 頁，《如何使我們生活豐富？》，原刊登於《時事新報・學燈》，1920 年 3 月 21 日出版。

〔註74〕宗白華：《宗白華全集》（第 1 卷）〔M〕，第 191 頁。

〔註75〕雲慧霞：《宗白華與德國生命哲學》，《求是學刊》，2003 年第 3 期。

裏，藝術總是能給他無限慰藉：「宗白華覺得，正是通過詩或藝術，微渺的心才與茫茫的廣大的人類『打通了一道地下的深沉的神秘的暗道。』」〔註76〕狄爾泰說藝術使人超越現實，使人反思生命的意義，使過去、現在與未來能夠接通，從而調動和激活全部的生命力。這裡需要指出的一點是，即使以狄爾泰為代表的哲學家將藝術提升到了如此重要的地位，他們採用的仍然是一種「主客二分」的思維方式，即作為客體的藝術起到的是一種「中介」的作用而服務於作為主體的人的生命；而宗白華看來，藝術與人的關係是融合的、不分彼此的。

第三節　「五四」一代知識分子與生命哲學思潮

　　跟宗白華同時期的一代「五四」知識分子面臨同樣的內憂外患，無不崇尚生命、讚揚生命，他們從不同程度上都受到過柏格森和達爾文的影響，從生命哲學裏找到了健動不息、源源不斷的生命力，並企圖藉此來給當時動盪不安的中國社會注入對抗頹靡和庸俗的力量，他們的學術旨歸都在恢復中華民族的生命活力。這批「五四」一代知識分子一般少年接受中國傳統文化的影響，青年前往歐洲或者美國日本留學，醉心西方學術與文化，這批知識分子在二十世紀上半葉形成了一個較有影響力的中國生命哲學思潮。

　　王國維可以稱得上是中國生命哲學的奠基人，劉小楓稱「中國式的生命哲學，王國維之後，乃是宗白華……中國式的生命哲學家，是不同於日耳曼式的生命哲學，兩者存在本質上的差異」〔註77〕。張慧〔註78〕指出注重融合中西思想資源的王國維、宗白華都注重「生命」，但是比較而言，王國維的生命觀更多的是直接對叔本華悲觀與意志的繼承；而宗白華的生命觀中則全然沒有了消極的因素，呈現出一派剛健清新。王國維最有代表性的「境界說」指的就是人生的境界，直指人生命的層次，王國維的《人間詞話》（1908）：「詞必以境界為最上。有境界者自成高格，自有名句。」〔註79〕王國維的「境界說」偏重在文學中、尤其是詩詞中找到人的終極歸宿，將意境拓展至人生

〔註76〕劉小楓：《湖畔漫步的美學老人──憶念宗白華師》，《讀書》，1988 年第 1 期，
　　　　第 113 頁。
〔註77〕劉小楓：《湖畔漫步的美學老人──憶念宗白華師》，《讀書》，1988 年第 1 期。
〔註78〕張慧：《宗白華生命美學思想研究》，西北大學碩士學位論文，2007 年。
〔註79〕王國維：《人間詞話》，上海古籍出版社，1998 年，第 1 頁。

的境界。1904 年，王國維用叔本華的哲學對《紅樓夢》進行了新的闡釋，寫成《紅樓夢評論》，這引起了中國學術界的一場變革，「繼他之後，許多中國青年在 1919 年五四運動前後，也試圖用德國思想對中國進行變革」〔註 80〕。

如現代新儒家的奠基人之一的梁漱溟也非常推崇柏格森，感到中國傳統儒學「與西洋思想印證，覺得最能發揮盡致，使我深感興趣的是生命派哲學，其主要代表者為柏格森」〔註 81〕，跟宗白華一樣，他在大談「生命」的同時也大談「創造」，這都明顯帶有伯格森「創化論」的影子，如在《人生在創造》一文中，他寫到「宇宙是一個大生命。從生物的進化史，一直到人類社會的進化史，一脈下來，都是這個大生命無盡無已的創造。一切生物，自然都是這大生命的表現……人類的生活，一言一動，一顰一笑，都不能不說是創造」〔註 82〕。新儒家的另一奠基人熊十力也非常多地引用柏格森生命哲學的創造、變化等思想，並且將其與《周易》的「生生」、陸王心學的能動性聯繫起來，在他的哲學體系中，變動不息的宇宙本身就是一種剛健向上的生命力，因為宇宙雖然變化，但決不回頭、退步，而是不斷向前、向上，從這種積極的宇宙觀推導出來的人生觀也是樂觀的、奮進的、向前的，熊十力正是希望用西方的「生命」資源來激發傳統儒學，用創化的意志來療治中國社會的頹廢無力，因為具有這樣宇宙觀和人生觀的民族，必將所向無敵、走向成功。

牟宗三將中國的哲學定位為「生命的哲學」，他認為對比西方的學問以「知識」為中心，中國的哲學重主體性，以「生命」為中心。牟宗三的《生命的學問》一書即為了點醒人真實的生命，鼓勵人們應該回到自身的力量，重視生命的實踐性。牟宗三以儒家的孔孟及宋明儒學作為他生命學問的最後歸宿。具體說來，「才性」和「德性」是牟宗三生命美學的兩個重要方面，「才性」是始於魏晉時期的美學範疇，指生命個性的千姿百態的風韻氣質，「才性」體現

〔註 80〕〔德〕Wolfgang Kubin（顧彬）：《美與虛──宗白華漫淡》，《美學的雙峰》，1999 年，第 378 頁。Wolfgang Kubin 是德國著名漢學家、翻譯家、作家、德國翻譯家協會及德國作家協會成員，波恩大學漢學系主任教授。以德文、英文、中文出版專著、譯著和編著達 50 多部，如《中國文學中自然觀的演變》、《中國古典詩歌史》等。合編、主編或翻譯的作品有《子夜》、《莎菲女士的日記》、《家》及《現代中國小說（1949～1979）》等。

〔註 81〕梁漱溟：《人生在創造》，《朝話：人生的醒悟》，北京：中國文化服務社，1964 年，第 87 頁。

〔註 82〕梁漱溟：《人生在創造》，《朝話：人生的醒悟》，北京：中國文化服務社，1964 年，第 89 頁。

的是生命個體生動活潑的人格；「德性」則是儒家歷來重視的道德倫理，牟宗三的生命哲學尤其具有倫理生存美學的特徵，因為他一貫秉承儒家的德性本位主義傳統。

聞一多所讚頌的重點在於生命的原始性、原初性，即一種來自人類動物性的野蠻生命，源自於大地。聞一多呼喚原始的野性的生命，1939 年，任教於西南聯大的聞一多在給他的學生劉兆吉的《西南采風錄》作序時寫到：「你說這是原始，是野蠻，對了，如今我們需要的正是它」。他呼喚的正是一種強大生命的回歸，整個中華民族精神的抖擻，用以拯救人民於危亡當中。聞一多自己的畫作中很多體現出對大自然、對原始生命的熱情讚頌。聞一多做《詩經》的研究，稱「《詩經》字字句句蘊含原始生命力」，聞一多在他的《說舞》一文中具體描繪了一場具有原始性質的澳洲科羅波利舞（Corro Borry），他寫到：「舞是生命情調最直接，最實質，最強烈，最尖銳，最單純而又最充足的表現。生命的機能是動，而舞便是節奏的動，或更準確點，有節奏的移易地點的動，所以它直是生命機能的表演。但只有在原始舞裏才看得出舞的真面目，因為它是真正全體生命機能的總動員。」

方東美的生命觀將生命最終歸結為「愛的精神」，愛才是藝術、人生、宇宙的本體。他在《生命情調與美感》中比較了中國人的生命精神與西方人的區別，指出相較於西方人將生命寄於科學（生物學、心理學），中國人多將生命寄情於藝術當中，方東美認為藝術起源於生命，「普遍生命」是人類藝術創作與美的欣賞源泉，他對美的表述可以由「形上之美、形下之美和藝術創造之美」〔註83〕三部分組成。「形上之美」是普遍生命在創造活動中呈現出來的，貫注於宇宙萬物，無邊無聲無形，大美不言；「形下之美」是普遍生命賦予萬物的生命形式；「藝術創造之美」是藝術家為了詮釋形而上的生命精神而創造的各種藝術形式，方東美有言「一切藝術都是從體貼生命之偉大之處得來的」〔註84〕。方東美的《哲學三慧》、《科學哲學與人生》、《中國人生哲學精義》等文章、講稿都從各個方面詮釋了他的生命哲學，認為宇宙人間都有一種大化流行的普遍生命。

鄧以蟄對生命哲學的關注更具有純粹的非功利性，始終緊密結合藝術來談及生命。鄧以蟄與宗白華都主攻中國藝術學，也都重視對中西藝術進行比

〔註83〕方東美：《生命的情調與美感》，《中國人生哲學》，浙江人民出版社，2019 年。
〔註84〕馬建高：《民初美學的引進及中國化歷程》，《社會科學輯刊》，2019.05。

較研究，在 20 世紀 20～30 年代兩人分別馳名於北方（北京大學）與南方學界（中央大學），因此有「南宗北鄧」之稱。類似於宗白華認為藝術是「生命」的表現那樣，鄧以蟄重視生命中的「性靈」，認為藝術是出自「性靈」的創造，「性靈」主要指人的情感與生命。中國的山水畫師都要讀萬卷書、行萬里路，才能縱目曠觀，以天地造化陶冶自己的性靈，鄧以蟄認為中國書法是一種「心靈自我表現」的意境，無論是書法還是繪畫，畫家在下筆之前已經成竹在胸，動筆之時用灌注生命之性靈一氣呵成。另外，鄧以蟄認為「氣韻生動」是藝術最高的原理和法則，是中國藝術發展將最終導向的生命追求，生命是中國藝術的本體，中國在很早的階段就已經擺脫了將形象作為本體的追求。生命是有節奏，有脈動的，有高低起伏，韻律就是借助藝術形式的方式來揭示生命的律動，認為「氣韻」出於形似而超越形似的物質層，由工藝設計之「靜」到繪畫所表現的「動」，再到動物的「生動」，人物的「氣韻」，再到達山水的「氣韻生動」。

第四節　生命美學萌發期宗白華的對生命意涵的闡釋

一、生命在於身體的強健活潑

如前文所分析過的，此時期宗白華認為生命在於創造，生命在於體驗，同時他認為強健的身體是生命的基石，擁有健康身體是「少年中國」新人的一種必須基本品質。對「身體」的重新重視，本來也是近現代哲學感性復興的一種趨勢。在西方，代表感情的「身體」被過分的理性所壓抑，在中國，封建社會的舊道德舊倫理將人的身心都束縛得失去了活力。

宗白華在 1919 年就寫了幾篇呼籲婦女解放的文章，他強調婦女要注重培養自己強健活潑的體格，他在《理想中少年中國之婦女》一文中寫到：「夫惟體魄強者乃有強健之精神，高尚之道德。今中國女子皆以嬌弱為貴，待養子父夫，則將安能任社會之義務以與男子爭平等之權利乎？故少年中國女子須有強健活潑之體格」〔註85〕。此後，宗白華也在文章中多次強調國民體魄的健康，如呼籲「真正的幸福是在一健康體魄裏活潑勞動」、引用繆鳳林先生在

〔註85〕宗白華：《宗白華全集》（第 1 卷）〔M〕，合肥：安徽教育出版社，2008，第94 頁，《理想中少年中國之婦女》，原刊登於《少年中國》，1919 年 10 月 15日出版。

其《寶訓》中的「民族自力充分的發展與表現，在全民族身心之康健」〔註86〕來說明當時中國社會上人們薄弱和卑劣的精神意志，其根源在於體魄的不健康、神經的衰弱，基於此人們才會「無積極生活之光明的勇氣和拓展事業的魄力」〔註87〕，宗白華在此無比贊同繆鳳林先生的觀點，他將國民身上表現出來的一系統衰頹的精神氣質歸結為國民體魄的不健，神經的衰弱，他提倡真正幸福的生活是擁有健康體魄的時候活潑熱情地勞動，他呼籲從封建僵化的傳統桎梏中解放出明晰的生命意義。

宗白華先生力圖激活中華民族的美學神經，大力呼籲人感性的恢復，對此，宗白華引用《孟子‧盡心章句上》中的「形色，天性也。唯聖人然後可以踐行。」〔註88〕來說明天性形色的現象也是值得重視的，「但求各感官之得其『正』」〔註89〕，即我們感受感覺的敏銳、不歪曲地對外界做出反映。

在中國，人們歷來對「身體」是非常重視的，中國人追求身心合一，儒家講求「身體髮膚受之父母，不敢毀傷，孝之始也」〔註90〕。《禮記‧禮器》曰：「禮也者，猶體也。體不備，君子謂之不成人」、「踐形，完形，而復得稱為成人」。《大學》中的「八目」——格物、致知、誠意、正心、修身、齊家、治國、平天下，「修身」也是連接私人領域和公共領域的關鍵環節，所謂「自天子以至於庶人，壹是皆以修身為本」，「修身」以前，為明明德之事，「修身」之後，則為新民之事也。「修身」指的是對自己身體髮膚的愛護，對強健體格的培養，對健全心靈的提煉，是由一種內而外、內外兼修的不斷實踐，君子應該主動修姿態正儀表，提高自己的品德修養，做到言行一致，進而學會待人接物，才能在公共領域與人更好地相處，實現「齊家、治國、平天下」的目

〔註86〕宗白華：《宗白華全集》（第 2 卷）〔M〕，合肥：安徽教育出版社，2016，第 211 頁，《從國史上所得的民族寶訓（續）》等編輯後語，原刊登於《時事新報‧學燈》（渝版）第 32 期，此時宗白華 42 歲，因為抗日戰爭爆發隨學校遷往了重慶。

〔註87〕宗白華：《宗白華全集》（第 2 卷）〔M〕，合肥：安徽教育出版社，2016，第 211 頁，《從國史上所得的民族寶訓（續）》等編輯後語，原刊登於《時事新報‧學燈》（渝版）第 32 期，此時宗白華 42 歲，因為抗日戰爭爆發隨學校遷往了重慶。

〔註88〕宗白華：《宗白華全集》（第 3 卷）〔M〕，合肥：安徽教育出版社，2016，第 254 頁。

〔註89〕宗白華：《宗白華全集》（第 3 卷）〔M〕，合肥：安徽教育出版社，2016，第 254 頁。

〔註90〕出自《孝經‧開宗明義》。

標。《易》中的表示「安穩」、「靜止」的艮卦繫辭也包含著身體部分與欲望關係的內容:「艮其背,不獲其身,行其庭,不見其人,无咎。」艮卦如若跟人的身體部位產生對應,對應的就是人的「背」,人的「眼耳鼻舌」都有相應的認識、較敏銳的感應和接受及發射信息的功能,因此都會引起不同的欲望,但是人的背上沒有沒些器官,便能做到無識、無知、無欲了,因而能處於一種較平衡的靜止的狀態。這樣平靜的心理狀態好像「行其庭,不見其人」,即穿過一個庭院,如入無人之境,無論其本身熙熙攘攘,但自己都能做到若旁若無人的那種狀態,如果能做到如此,那麼就能「无咎」,「無欲」方能「无咎」,對應的「美」也是那種如穿過無人庭院的寂寥之寧靜。佛教重視對身體特殊的訓練,即從印度原始佛教「修苦行」繼承而來的坐禪、冥想等;老子著名的關於身體的理論有是「五色令人目盲,五音令人耳聾,五味令人口爽,馳騁田列使人心發狂,難得之貨令人行妨,是以聖人之治也,為腹不為目」,他強調的是一種對身體滿足和欲望的降低以達到一種身體的平衡狀態。

中國古典文藝的「形神論」範疇也來源於人的身體與精神的關係,如《荀子·天論》中有「形具而神生」,意思為人的軀體是自然界的產物,有了軀體,心理和精神狀態便形成了。東漢桓譚在《新論》中提出「精神居形體,猶火之燃燭矣。」後來,王充在桓譚的基礎上於《論衡·論死》中提出「天下無獨燃之火,世間安得無體獨知之精。」魏晉時期的人物品藻之風盛行,人們對人的評價從道德的角度轉向審美,著重於人的風姿、風采、風韻品評,人的體格姿容也受到了極大的重視。但是在後來的歷史中,尤其在程朱理學「存天理,滅人慾」的束縛下,中國人的「身體」也因為承載了太多的道德倫理的重量而變得「沉重」,在中國傳統繪畫中「身體」是被繁複的衣物遮蔽的。敦煌藝術卻因為活潑大膽地表達人的身體、表現身體騰越飛舞的姿勢而得到宗白華熱情地讚美:「我們的藝術史可以重新寫了!我們如夢初覺,發現先民的偉力、活力、熱力、想像力。」〔註91〕中國人被遮蔽的身體在敦煌雕塑和壁畫中得到了酣暢淋漓的表現,翻騰舞動著的飛天,身姿婀娜,體態豐滿,動作靈活,他們大多袒露著上半身,還露著豐腴的雙腳,靈動中透露著健美;他們的衣帶飄蕩,克服了地心引力飛旋著,不似西方藝術中天使靠著雙翅飛翔,

---

〔註91〕宗白華:《宗白華全集》(第 2 卷)〔M〕,合肥:安徽教育出版社,2016,第418 頁,《略談敦煌藝術的意義與價值》,原載於上海《觀察》週刊,第 5 卷第 4 期,1948 年。

飛天舞者們依憑自己身體的卷舒騰越空中，靠自己旺盛的生命力不斷上升，那是一股來自大地的力量，來自鮮活肉體的能量，飛天的形象表現出那個時代的人們的理想和藝術的境界。「在西方，人是受神支配的，他們把希望寄託於上帝和虛無縹緲的天堂。中國人則靠自己生命的活力飛騰，把自身融化到自然中去，以實現天地與我並生，而萬物與我為一的境界。」〔註 92〕另外，除了對歌舞的描畫，敦煌石窟中甚至保留了大量與運動有關的壁畫，在這些運動畫面中，我們甚至能找到很多現代運動的影子和源頭。

身體的健康是積極向上之精神、燦爛之文化的物質基礎，身體之美是一種最直觀的審美體驗。在古希臘，完美的人體被視為神性的象徵，健康、飽滿、生氣勃發的體魄對應著的是圓滿、和諧、秩序井然的宇宙。長期以來，身體的感覺及欲望都被壓抑了，在西方，身體與靈魂，這是西方宗教與哲學中被討論得最多的對立二元。柏拉圖認為我們的欲望是一頭難以被馴服的野獸，柏拉圖的道德體系表現出強烈的反感覺反欲望的傾向，後來如奧古斯丁那樣的基督教作者在尋找自己憎惡身體的前輩時，直接倚靠柏拉圖。最終，柏拉圖主義和基督教最終融為一體，柏拉圖主義為基督教神學提供了哲學基礎……聖奧古斯丁甚至把柏拉圖主義者稱讚為異教哲學家中天然最接近於基督教的人們。有人認為基督教起源於人的一種根本的疏離和自我分裂，人否認自己的身體、自己的感官和欲望，以便斷定自己為了上帝而擁有嚴格的精神性。

鮑姆嘉通於 1750 年提出「美學」，即感性學的復興，便是一種試圖使感性擺脫理性的壓制而獨立發展的嘗試，可見身體與美學的關係之緊密，甚至可以說美學學科的建立就是為了喚醒人們長期被壓抑的身體和感覺。鮑姆嘉通在《美學》中提出美學的目的是感性認識本身的完善，而這完善就是美。雖然在鮑姆嘉通的《美學》一書中，他還是將感性視為理性的初級階段及理性生成的階梯，但「感性學」的提出激發了後來為感性、為身體、為欲望正名的思潮，歷來為理性所壓抑的身體和欲望也漸漸開始聲張本身的權力。鮑姆嘉通認為在自然狀態中，雖然感性力是一種天生的能力，不能通過任何方法的訓練獲得，但是通過妥善的引導，感性力會走上健康的道路，人之感性的恢復就當從身體敏銳感覺的恢復開始。因為身體和感性的敏銳，因此能夠跟

〔註 92〕鄧家林：《舞的韻味與生命的情調——論宗白華對中國藝術精神的獨特創見》，《美學的雙峰》，安徽教育出版社，1999 年，第 581 頁。

宇宙人生進行同情和共情，人而得豐沛的情感，豐沛的情感再得到一種向上的提升以及與宇宙自然的互動溝通，就有了精神。

同樣，面對西方文化根源上的這種裂解和現代人生命本能的普遍衰頹，尼采喊出了「對一切價值進行重估」，他要顛覆的正是宗教、道德、哲學所設置的這種二元對立的世界，將人們拉回到本真的渾然一體的生命，柏拉圖主義和柏拉圖的「演員」蘇格拉底，是尼采集中力量反對與抨擊的對象，他稱柏拉圖的蘇格拉底是歷史上「第一個頹廢派」。人類社會的分裂就是從人個體的肉體、靈魂自我分裂開始的，人與人之間開始了日復一日的互相憎恨，互相鬥爭。人只有使自己達成靈與肉的和解，才會有了跟他人、跟世界進行互相和解的可能性。

後現代的理論家德勒茲將「知覺」與「身體」聯繫起來，創立了「身體——主體」概念，身體不是與心靈對應的肉體，而是肉身化的心靈或知覺的主體。把知覺提高到了本體高度。擁有一個身體就相應地擁有了一個世界，這就是「知覺世界」，身體是主體間性的可能性條件。身體不再與靈魂對立，因為身體不是跟靈魂對立、抗衡的身體，而是肉身化的靈魂，兩者本為一物，並不可分，擁有一個身體便相應地擁有了一個世界。靈魂絕不是身體的不情願的囚徒，而是身體的生命或精神，靈魂在歡快的肉體中能夠感到很自在。

「五四」時期的宗白華在《我的創造少年中國的辦法》一文中談及對少年中國人才的培養時寫到：「建立各種學校，從事教育，用最良的教授方法，造成一班身體、知識、感情、意志皆完全發展的人格，以後再發展各種社會事業……」〔註93〕，可見宗白華是把「身體」放在對新人塑造的第一位的，宗白華對「身體」的重視不僅是其所承載的文化含義、歷史重量，「身體」本身的鮮活、健康、力量、平衡也是宗白華所重視的，他希望社會中的每個人都能努力去擁有一個健康的、美的體魄，這樣整個社會才會有生機活力，整個民族國家才有向前發展的力量和希望。

抗日戰爭時期的宗白華繼續鼓吹一個民族人民身心健康的重要性，他認為民族體魄的健康是形成輝煌文化的基礎性條件，他說「『民族自力充分的發展與表現，在全民族身心之康健』這話最使人感動。我以為近代中國人的道

〔註93〕宗白華：《宗白華全集》（第 1 卷）〔M〕，合肥：安徽教育出版社，2008，第 36 頁，《我的創造少年中國的辦法》，原刊登於《少年中國》第一卷第 2 期，1919 年 8 月 15 日出版。

德墮落，怯懦，苟安，自私，貪財，意志薄弱，容易動搖，整個的原因是由於體魄不健，神經衰弱，無積極生活之光明的勇氣和拓展事業的魄力，只想拿投機取巧，不勞而獲的方法占得虛榮和生活的享受。不瞭解生活的真正幸福是在一健康體魄底活潑勞動！中國漢唐時人，西洋希臘和近代人都瞭解這一點，他們文化的燦爛是有它生理的基礎。」〔註94〕可見在宗白華看來，要將老邁中國變成充滿希望、欣欣向榮的少年中國，首先要使得其國民具有健康硬朗的身體。

二、生命在於情感的豐沛

對情感的重視是與宗白華作為「五四」一代學者呼籲人的覺醒與解放訴求一致的，宗白華讚美人「情感」之豐沛，他認為能夠超越情感的人是世間難得的天才，而情感豐沛的人則是生命力旺盛的一個表徵，他寫到：「高者，必其意志亦甚強，故往往感情之濃，遠超庸常，於詩人可以見之。而古來大哲，悲憫眾生，奮身救世，孔席不暇暖，墨突不再黔……」〔註95〕有豐富情感的人是宗白華眼中的「高人」，也是詩人和哲人的一個必要品質，「詩人歌詠性情，情之所感，發而為詩，詩人對於世界人生，不以學理，不以事實觀，而以心中之感情觀也」〔註96〕他還舉例說人類文明中最偉大的人物如佛陀和耶穌都是有大悲大愛之人，他們擁有極高的智慧，極豐沛的情感，極博大的悲憫。

情感的強烈程度是人生命力度的一種天然度量衡〔註97〕，情感對於人類的生存質量及意義有著不要取代的重要作用，自古以來的東西方哲人都注意

〔註94〕宗白華：《宗白華全集》（第 2 卷）〔M〕，合肥：安徽教育出版社，2008，第211 頁。

〔註95〕宗白華：《宗白華全集》（第 1 卷）〔M〕，合肥：安徽教育出版社，2016，第8 頁，《蕭彭浩哲學大意》，原刊登說《丙辰》雜誌第四期，1917 年 6 月 1 日出版。

〔註96〕宗白華：《宗白華全集》（第 1 卷）〔M〕，合肥：安徽教育出版社，2016，第19 頁，《說人生觀》，原刊登於《少年中國》第 1 卷第 1 期，1919 年 7 月 15日出版。

〔註97〕動物是否有類似於人的情感，科學界一直存在著很多爭議，因此不做討論，宗白華關於情感的論述也只涉及於人的情感，因此這裡的情感專指人類的情感。情感被視為人類的一種高級的屬性，隨著 AI 人工智慧的興起發展，人類的很多能力都有被 AI 取而代之的趨勢，但「情感」仍然是 AI 技術的一個難以攻克的難題。

到情感的重要性。情感主要被視為一種主體對外部事物的反應、並且能夠引發身體和行為改變的一種精神現象〔註98〕。西方對情感的研究大致可以分為三個傳統：將情感視為感覺、對事物的評價以及動力。心理學美學的奠基人何姆（Home）提出審美地把握一對象的核心就是「情感」，即一事物能夠引起我們何種的心理活動。審美引起的愉悅應為無利益感的情緒，這一觀點後來被康德繼承並發展。

　　宗白華認為有豐富情感的生命力旺盛之人，是一個社會的希望之所在。在《〈蕙的風〉的讚揚者》一文中，宗白華讚揚了《蕙的風》作者的天真情感，他激動地讚揚說「在這個老氣深沉、悲哀彌漫，壓在數千年重擔負下的中國社會裏，竟然有個二十歲天真的青年，放情高唱少年天真的情感，沒有絲毫的假飾，沒有絲毫的顧忌，頌揚光明，頌揚戀愛，頌揚快樂，使我這個數千里外的旅客，也鼓舞起來，高唱起來，感謝他給我的快樂」〔註99〕。宗白華看出了在黑暗壓抑的社會條件中，人的情感和生命遭到了扼殺，因此仍然能夠保護自己豐富情感的人顯得非常寶貴，「他是一個很難得的，沒有受過時代的煩悶，社會的老氣的天真青年，我們現在的社會上還不知道這類的青年是多麼的可貴呢！我個人以為這種純潔天真，活潑樂生的少年氣象是中國前途的光明。那些事故深刻，悲哀無力的老氣沉沉，就是舊中國的墳墓。」〔註100〕這個時期的宗白華，面對時代的混亂沉悶、民族精神的頹靡，深刻意識到需要用鮮活的情感來改變人們死氣沉沉的機械人生，為整個社會注入活力。

　　感情豐沛之人最可愛、最值得被愛，在宗白華看來，晉朝存在著中國歷史上最可愛的一群人，一群一往情深之人，《世說新語》中有許多關於晉人對待友人、親人、愛人用情至深的記錄，宗白華稱正是這個時代人性的大解放、大自由，情感的大泉湧，才造成了這一時期的中國在文學藝術上出現了那麼

〔註98〕Stanford Encyclopedia of Philosophy 中 Emotion 詞條對其定義為：These theories typically conceived of emotions as a subject's phenomenologically salient responses to significant events and capable of triggering distinctive bodily changeds and behaviors.

〔註99〕宗白華：《宗白華全集》（第 1 卷）〔M〕，合肥：安徽教育出版社，2016，第431 頁，《〈蕙的風〉之讚揚者》，原刊登於《時事新報·學燈》，1923 年 1 月13 日。

〔註100〕宗白華：《藝境》，商務印書館，2011 年，第 39 頁，《〈蕙的風〉的讚揚者》，原載於 1923 年 1 月 13 日《時事新報·學燈》。

多不可企及的成就，因為他們不僅尊重個性，生機活潑，對自然、對哲理、對友誼都一往情深。宗白華談論晉人時提到「深於情者，不僅對宇宙人生體會到至深的無名的哀感，擴而充之，可以成為耶穌、釋迦的悲天憫人；是快樂的體驗也是深入肺腑，驚心動魄；淺俗薄情的人，不僅不能深哀，且不知所謂真樂」〔註101〕。

　　「情感」在宗白華看來還是詩人和藝術家必需的品質，藝術家就是從情感的體驗發現人生與宇宙的真理與價值的，充滿了虔誠敬愛。宗白華看到了情感對藝術的源泉性作用，他將情感視為藝術的第一動因，在他看來，但凡在藝術上能夠取得崇高境界的人都是能夠一往情深的至情至性之人，因為「纏綿悱惻，才能一往情深，深入萬物的核心，所謂得其環中」〔註102〕。藝術的產生源於情感，藝術也是通過情感起作用，藝術能夠搖曳性情，對人們的心靈和性格產生潛移默化的影響，雖然普遍但卻深刻。如在復旦大學文史地學會上的演講稿《技術與藝術》（1938年）中，宗白華開篇即用藝術對比滿足實際生活的技術，寫到「藝術是表現人類於對宇宙人生的情感反應和個性的流露、表達主觀的熱烈的情緒」〔註103〕。又在宗白華早期所撰寫的《美學與藝術略談》（1920年）中他寫到「藝術就是藝術家的理想情感的具體化、客觀化，藝術的目的並不在實用，而是在純潔的精神的快樂，藝術的起源並不是理性知識的構造，而是一個民族精神或一個天才的自然衝動的創作……藝術的源泉是一種極強烈深濃的，不可遏止的情緒，挾著超越尋常的想像力。這種由人性最深處發生的情感，刺激著他直覺到普通理性所不能概括的境界，在這一剎那頃間產生的許多複雜的感想情緒的聯絡組織，便成了一個藝術創造的基礎。」〔註104〕

〔註101〕宗白華：《宗白華全集》（第2卷）〔M〕，合肥：安徽教育出版社，第273頁，《論〈世說新語〉和晉人的美》，原刊於《星期評論》第10期，1941年1月。

〔註102〕宗白華：《宗白華全集》（第2卷）〔M〕，合肥：安徽教育出版社，2016，第331頁，《中國藝術意境之誕生（增訂稿）》，大概創作於宗白華46歲，原刊於《哲學評論》第8卷第5期。

〔註103〕宗白華：《宗白華全集》（第2卷）〔M〕，合肥：安徽教育出版社，2016，第181頁，《技術與藝術──在復旦大學文史地學會上的演講》，原刊登於《時事新報·學燈》（渝版）第8期（1938年7月24日），《文史地》專頁第2期。

〔註104〕宗白華：《宗白華全集》（第1卷）〔M〕，合肥：安徽教育出版社，2016，第189頁，《美學與藝術略談》，原刊登於1920年3月10日《時事新報·學燈》。

　　宗白華最推崇的雕刻家羅丹便擅長表現情感，進而反映出最深刻的人性和真實。羅丹的雕刻作品表現笑，也表現哭，表現崇高的純潔的愛情，也表現獸性的欲望，正因為這一切都是人類真實的情感和人性，因此他的雕塑都成為了藝術的一種典範。宗白華認為杜甫詩歌高不可及的深度、高度和闊度就源於他能夠以深情掘發人性的深度，「直取性情真」〔註 105〕，具有如同但丁的熱情和歌德具體的表現力。在寫於 1932 年的《歌德之人生啟示》當中，宗白華也高度讚美了歌德「情感就是一切！」〔註 106〕的口號。宗白華還看到因為歌德無盡的生命活力熔成了情感的奔流，進而鑄成了「少年維特」這個影響全世界的文學形象，《少年維特之煩惱》書寫的就是一純真無邪的青年的情感發展史，維特從原本沉浸於自然與愛情的愉悅情感到由於戀愛產生的痛苦糾結的情感，再到自我懷疑，沉淪，悲觀消極以致絕望的情感，小說的每一頁面都呼吸著生命與熱烈，因此能夠引起讀者強烈的共鳴。

　　又如宗白華指出明末清初的石濤在國破家亡之後所創作的山水畫中，便寄託了無限的悲憤和抑鬱，張鶴野在他的山水畫中題詩曰：「零碎山川顛倒樹，不成圖畫更傷心。」鶴野在另一幅《漁翁垂釣圖》題曰：「可憐大地魚蝦盡，猶有垂竿獨釣翁。」石濤的畫同樣想表達清軍入關後，人民所遭的慘劫。宗白華還指出宋朝遺民鄭所南畫蘭花不畫蘭根及土地，要表達的是宋朝已經失

〔註105〕宗白華：《宗白華全集》（第 2 卷）〔M〕，合肥：安徽教育出版社，2016，第374 頁，《中國藝術意境之誕生（增訂稿）》，大概創作於宗白華 46 歲，原刊於《哲學評論》第 8 卷第 5 期。

〔註106〕對情感的推崇跟歌德是德國「狂飆突進」運動代表的身份分不開，狂飆突進運動（德語：Sturm und Drang）是 1760 年代晚期到 1780 年代早期德國新興資產階級城市青年所發動的一次文學解放運動，也是德國啟蒙運動的第一次高潮。這個時期，是文藝形式從古典主義向浪漫主義過渡時的階段，也可以說是幼稚時期的浪漫主義。其名稱來源於劇作家克林格的戲劇「狂飆突進」，但其中心代表人物是歌德和席勒，歌德的《少年維特的煩惱》是其典型代表作品，表達的是人類內心感情的衝突和奮進精神。這次運動是由一批市民階級出身的青年德國作家發起的，他們受到啟蒙時代影響，推崇天才，創造性的力量，並把其作為其美學觀點的核心。狂飆突進時期的作家受到當時啟蒙運動的影響，特別是受到了盧梭哲學思想的影響，他們歌頌「天才」，主張「自由」、「個性解放」，提出了「返回自然」的口號。但另一方面這些年輕作家反對啟蒙運動時期的社會關係，駁斥了過分強調理性的觀點。這個運動持續了將近二十多年，從 1765 年到 1795 年，然後被成熟的浪漫主義運動所取代。浪漫主義始於 18 世紀西歐的藝術、文學和文化運動。重視民間藝術、自然、以及傳統，主張一個根基於自然的知識論，以自然的環境來解釋人類的活動。

喪失了國土的意味，這與他所寫的《心史》反映的是同樣沉痛的心情〔註107〕。且中國的書法跟音樂和詩歌一樣也能蘊含人內心的情感，正如人愉快時喜笑顏開，哀傷時痛苦流淚，宗白華舉了唐代大書法家張旭的例子，說他的書法「不但書寫自己的情感，也表現出自然各種變動的形象。」〔註108〕

宗白華認為不可遏制的情感是藝術產生的源泉不僅受到西方心理學觀點的影響，還因為這跟中國的文學藝術從發端起即主張的「詩言志」〔註109〕是吻合的。後來荀子進一步將「詩言志」解釋為「在心為志，發言為詩」、「詩者，中聲之所止也」，這一條脈絡一直發展到韓愈的「不平則鳴」。我們先有了情感，再將其放射出去，憑藉線條、韻律、節奏等物質創造藝術的形象寄託情感，就成為了藝術。一切線條、節奏、旋律，一旦離開了情感和生命的表現，便是死的空洞的機械的形式，失去了靈與肉。宗白華關於情感有很多具體的論述，如「詩文中所寫出的各種感覺思想，都是自己實在經歷過的，絕不是無病呻吟，憑空虛構」、「詩人對於人性中各種情緒感覺，不單是經歷過，並且他經歷的強度比普遍人格外深濃透徹些。他感覺到人類最高的痛苦與最濃的快樂。然後他將這種感覺淋漓盡致地寫了出來，自然能深切動人，入人肺腑。」〔註110〕。

宗白華最初提出「情感」口號之時，面對的是 20 世紀初黑暗沉悶的中國社會，那時的中國人由於受到腐敗政治、陳舊封建禮教的壓迫而麻木缺乏情感。而現代工業社會的機械化生產方式同樣使人成為了流水生產線上的一個環節，人日益被異化，變得麻木，喪失了很多人的豐富情感。宗白華在對比中國之象徵天地中和與序秩理數之「器」與近代人的工廠生產機器時，指出了近代人成為了機器的奴隸，變得「無情無表現，純理數之機器漠然，惟有利害應用之關係，以致人為機器之奴。更進而人生生活機械化，為卓別林之

〔註107〕宗白華：《藝境》，商務印書館，2011，第 326 頁，《關於山水詩畫的點滴感想》，原刊登於《文學評論》1961 年第 1 期。

〔註108〕宗白華：《藝境》，商務印書館，2011，第 341 頁，《中國書法裏的美學思想》，原刊登於《哲學研究》1962 年第 1 期。

〔註109〕出自出自《尚書·舜典》帝曰：夔命女典樂，教胄子。直而溫，寬而栗，剛而無虐，簡而無傲。詩言志，歌永言，聲依永，律和聲。八音克諧，無相奪倫，神人以和。夔曰：於予擊石拊石，百獸率舞。

〔註110〕宗白華：《宗白華全集》（第 1 卷）〔M〕，合肥：安徽教育出版社，2016，第 173 頁，《新文學的源泉》，原刊 1920 年 2 月 23 日《時事新報·學燈》評論欄，署名「白華」。

《摩登時代》諷刺之對象！」〔註111〕宗白華嚴厲批評了這種剝奪了人類感情的生產方式和生產工具，提出我們應該「給予技術以精神的意義，這就是給予美感，就像我國古代的工藝那樣」〔註112〕，即人和器具也應該做到一種得心應手的協作、交互，而不是一種物我兩分的對立，人應該恢復其豐富多樣的情感。

三、生命在於「同情」之深切

宗白華認為「同情」之深切也是生命力強勁的一種表現。宗白華生命美學思想中的「同情」指的是一種廣義的情感層面的相通，指一種情感上的相通與共鳴，現代人一般多用「共情」一詞形容。「同情」是宗白華平等、交互、親切地對待人事物的態度，是他對藝術進行觀照的中介與方法，是他立足於宇宙天地社會間的基本態度，「同情」地活，就是一個人敞開心扉熱情洋溢地擁抱世界。宗白華的「同情」理論跟德國理論家立普斯的「移情說Einfühlungstheorie／the theory of empathy」有一定聯繫，但是宗白華的「同情」之情強調的是一種接通，是個人主觀的感情跟外界自然、社會、藝術所有「情」的共融，而「移情說」繼承的是浪漫主義主張伸張和解放自我，主張人把自己的情感移入自然界或無生命對象中，使之具有人的情感和生命的現象，是將個人的主觀情感投射給外界事物。宗白華的「同情」不僅跟他貫而有之的「泛靈論」〔註113〕觀點相關，而且可以從伯格森的「直覺說」那裡找到依據。柏格森認為認識事物有兩種路徑，一種是傳統的對象式的認識，即主客對立的方式；另一種就是直接與被認識物融為一股生命之流，不分主客，從內部

〔註111〕 宗白華：《宗白華全集》（第 1 卷）〔M〕，合肥：安徽教育出版社，2016，第592 頁，《形上學：中西法象之不同》。
〔註112〕 宗白華：《宗白華全集》（第 1 卷）〔M〕，592 頁。
〔註113〕 泛靈論／泛神論 Pantheismus，即相信天地宇宙間的萬物都有靈性所在，宗白華在跟郭沫若的通信中多次提到此問題，宗白華主張這應該是詩人的宇宙觀有 Pantheismus 的必要，是一種詩人應該有的傾向和信仰，詩人的宇宙就是泛神論的宇宙，見於《宗白華全集（一）》第 225 頁，《三葉集》節選，《三葉集》原由上海亞東圖書館 1920 年 5 月出版。在 1919～1920 擔任《少年中國》等雜誌的編輯期間，宗白華不僅發現了郭沫若，還跟他成為知己，並且跟田漢三人結下了終生的友誼，他們三個青春時代的書信後結成《三葉集》，於 1920 年 5 月出版，很受人們追捧，多次重印。《三葉集》不僅記錄了他們真摯的友誼，並且內容廣泛，思維活躍，情感豐沛真摯，是一面極好地窺見「五四」前後青年知識分子精神面貌的冊子。

進行動態式的體悟〔註114〕。

宗白華最早從叔本華的「同情」觀入手，分析「同情」首先是道德的根源，因為「具此感者，視他人之痛苦，如在己身。無限之同情，悲憫一切眾生，為道德極則」〔註115〕。因為只有當人有「同情」的能力，才能感受到外部世界，才能有基本的時間和空間的概念，進而有世界觀、人生觀。「同情」的能力也是人們具有道德觀念的起始，「同情」使得個體在使得自己得到發展和舒張之時同時考慮他們的感受，這使得人與人能夠結成關係，形成倫理關係，進而組成社會。宗白華指出叔本華將「同情」視為人們活在世間的三大動因之一：「視他人之痛苦，如在己身。無限之同情，悲憫一切眾生，為道德極則。此其意志中已覺宇宙為一體。無空間中之分別。物我之分，皆以我有空間觀念。此空間，唯心所造，故我心意志與萬物意志，本是一體，此時將不傷一生，不害一物，其行為無非公正仁愛，意志雖未消滅，已同消滅。蓋宇宙一體，無所欲也，再進則意志完全消滅清淨涅槃，一切境界，盡皆消滅，此境界，不可思議矣。」〔註116〕

在《藝術生活——藝術生活與同情》一文中，宗白華熱情頌揚「同情」的力量，指出「同情」不僅是促成社會結合的根本，是社會協作的原動力，世間如釋迦牟尼佛和耶穌基督這樣的聖人，都是懷有大同情心的人，「同情」是維繫社會最重要的工具，並且藝術的生活就是「同情」的生活，在於感覺的敏銳，即一切美學、無論是生活的還是藝術的美學，其初始都是感性與同情。歌德所創造的少年維特的形象，在宗白華眼中也是有大同情之人，宗白華稱維特像是一片秋天的樹葉，無風時也在顫抖，他因為有著過分天真純潔和豐富的心弦，對於自然界、人生界一切天真美好的音響，都起共鳴〔註117〕。

不僅藝術的創作起於跟外界的自然萬物、社會生活諸種情境「同情」，藝

〔註114〕〔法〕亨利・柏格森《創造進化論》〔M〕，商務印書館，2004，第57頁。

〔註115〕宗白華：《宗白華全集》（第1卷）〔M〕，合肥：安徽教育出版社，2016，第8頁，《蕭彭浩哲學大意》，原刊登說《丙辰》雜誌第四期，1917年6月1日出版。

〔註116〕宗白華：《宗白華全集》（第1卷）〔M〕，合肥：安徽教育出版社，2016，第8頁，《蕭彭浩哲學大意》，約創作於宗白華19歲時，原刊登於《丙辰》雜誌第四期，1917年6月1日出版。

〔註117〕宗白華：《宗白華全集》（第1卷）〔M〕，合肥：安徽教育出版社，2016，第316頁，《藝術生活——藝術生活與同情》，原刊登於《少年中國》第二卷第7期，1921年年1月15日出版。

術欣賞也需要「同情」。有「同情」才有藝術感覺的發生，自己創作出來的藝術作品得到他人的「同情」，引起他人的共鳴，調和社會的情感，也是藝術創作的目的。「詩本是產生於詩人對於造化中一花一草一禽一蟲的深切的同情，由同情而體會，由體會而感悟。不但是汩汩的深情由此流出，許多惺惺的妙悟，默默的沉思也由此誕生。詩，是詩人用他的靈魂撫摩這世界，熨貼這世界，因而撫慰著自己，彌補著自己的心靈的傷痕。詩，是詩人哀樂的昇華，子規的夜啼，黃鶯的曉唱。」〔註118〕宗白華還引用王夫之的話：「君子之心，有與天地同情者，有與禽魚草木同情者，有與女子小人同情者，有與道同情者悉得其情，而皆有以裁用之，大以體天地之心，微以備禽魚草木之幾」〔註119〕來引證「同情」是中國藝術富裕精神的真諦。

宗白華指出，哲學、科學和宗教都不能結合人類情緒感覺的一致，藝術卻可以，如繪畫、雕塑、音樂這樣的藝術能夠最大程度引起人們的共鳴，一曲阿炳的《二泉映月》，能夠引起來自世界各地聽眾關於人世艱辛的愁思，一曲貝多芬的《歡樂頌》，讓來自五湖四海的聽眾們都歡欣得想就地起舞。當人們面對藝術時，不是借助於邏輯思維方式來欣賞，而只能是一個生命進入另一個生命之融合的「同情」方式。個體的、小範圍的「同情」是一種藝術創作者與欣賞者的共鳴，一件藝術作品引起大範圍的「同情」、引起全社會的注意，使社會全體的情感都蕩漾於同一頻率之上，那麼就能達到一種維繫社會關係的作用，宗白華提到了中國古代的「樂教」就是通過全社會的共鳴而對人們施行教化感召。

總之，宗白華對同情、情感等一系列生命表現的強調，是應他所處的「五四」時代而生的，跟他同時代的諸多學者都關注生命、呼喚生命一樣，宗白華也是希望喚醒中國民眾的生命活力，進而促進整個社會、整個民族的復蘇。

〔註118〕宗白華：《宗白華全集》（第2卷）〔M〕，合肥：安徽教育出版社，2016，第303頁，《聽今年第一聲子規》編輯後語，大概創作於宗白華宗白華45歲，原刊登於《時事新報·學燈》（渝版）第175期，在此文中所誇讚的方令孺女士與林徽因並稱為「新月派」僅有的兩位女詩人，為宗白華的姨母，早年留學美國。

〔註119〕宗白華：《宗白華全集》（第2卷）〔M〕，合肥：安徽教育出版社，2016，第323頁，《中國藝術的寫實精神——為第三次全國美展寫》，宗白華原注到：1943年1月18日寫於嘉陵江楊家灘濱。這是拙作《論中西藝術的寫實，傳神與造境》的第三部分。第一部分《中國藝術的寫實精神》初稿刊載《中央日報》1月14日《藝林》。

同時，對情感與生命的呼籲也是與 20 世紀哲人們對科技理性的反思大潮相結合的。20 世紀的哲人們面對理性對人性的扼殺，重新張揚人的主體性與詩意的存在，紛紛試圖通過喚醒人的體驗、感覺、情感等來對抗現代人的異化。而美學和藝術，則是他們召喚回有血有肉之鮮活之人的共用手段。

宗白華呼籲人之生命力之覺醒，讚美擁有情感及同情這樣代表著旺盛生命力因素的人，宗白華不僅在此生命美學的萌發期就重視情感與同情，在之後的學術生涯中，宗白華也一直奉情感為藝術的源泉——在西方的文學、雕塑之中，在中國的詩繪畫、書法、詩歌當中，無處不看到情感普遍又深刻的影響力。宗白華讚美晉人因情感豐沛而可愛，而他自己本身就是一個感情至深之人，無論是親情、友情、愛情、師生情都被宗白華無比珍視，對情感的重視是貫穿宗白華整個人生的。

通過本章的論述，可以得知，應 20 世紀初中國內憂外患的危機，宗白華與同時代的諸多學者都關注生命、呼喚生命，他們希冀通過喚醒中國民眾的生命活力，進而促進整個社會、整個民族的復蘇。因為生命不僅健動不息，生命的總體還有著巨大的恢復創傷、生長發展、新陳代謝的機能，當時的中國需要這種強大的生命力來發展自新，努力不落後於世界其他民族；飽經滄桑的中國社會同樣需要強大的生命力來恢復元氣，從老邁中國變為少年中國。

宗白華的生命美學就是萌發於他所處的時代環境以及他所研究的西方生命哲學，但此時當宗白華還未將「生命」與「藝術」相結合，其獨特的生命美學體系還沒有得以確立。此時期宗白華的生命美學思想可以說是「五四」時期之圖強高揚的「少年中國」之銳氣，以及從西方吹來的「物競天擇」、「權力意志」等崇尚強者和力度的風氣，這個時期宗白華的「生命」首先表現為一種生命的強力和體魄的健康，他在叔本華的哲學中發現「生命」是一種盲目的生命意志，在伯格森的生命哲學﹝註120﹞裏，「生命」宛若一條奔流不息的河流，是「真正的延綿」，其不僅意味著一種未可分割的連續性，同時也意味著創造。

﹝註120﹞柏格森：《創造進行論》，﹝M﹞，北京：華夏出版社，2000，第 6 頁。

第二章　宗白華生命美學的建立（1920～1932）：從哲學轉向藝術文學

　　本書將 1920 年～1932 年界定為宗白華生命美學的建立期，有以下幾個方面的原因：一、從 1920 年赴歐洲起，宗白華開始將自己的學術重心從哲學轉到藝術之上，通過藝術來探索生命的真相與宇宙人生的奧秘，從此宗白華走上了具有個人風格的美學道路，去掉了早期的審美功利主義傾向；二、1920年 11 月宗白華發表了名為《藝術》的小詩，這成為了他藝術評論的先聲，1920年宗白華到巴黎參觀了羅丹雕刻博物館，於次年發表了激情澎湃的《看了羅丹雕刻以後》，其中生動地分析了「動」、「精神」等生命美學的範疇；三、此時期宗白華不僅將自己的關注點轉移到了藝術和文學的批評上，還開始了自己的新詩創作生涯，不只停留在理論方面，而是進行了重要的藝術實踐，並且取得了相當的成果。四、此時期宗白華評價的文學藝術的重心為西方的文學與造型藝術（主要是雕塑）。

　　另外，在此生命美學的建立期，宗白華在《歌德人生之啟示》明確提出了「生命本體」的概念並且論述，他寫到：「一切真實的、新鮮的、如火如荼的生命，未受理知文明矯揉造作的原版生活，對於他是世界上最可貴的東西。而這種天真活潑的生命他發現於許多絢漫而樸質如花的女性……他少年作品中這種新鮮活躍的描寫，將嫵媚生命的本體熠爍在讀者眼前」〔註1〕、「歌德這時的生命情緒完全是浸沉於理性精神之下層的永恆活躍的生命本

〔註 1〕宗白華：《宗白華全集》（第 2 卷）〔M〕，合肥：安徽教育出版社，2008，第 6 頁，《歌德之人生啟示》。

體」〔註2〕在這裡，宗白華很明確地將生命本體概括為處於理性下層的、鮮活的、流動不居、充滿力量的一切存在，生命存在於不息的運動，精神的灌注，愛力的豐沛及和諧的形式當中。

第一節　從哲學到藝術的轉向

　　宗白華從哲學轉向藝術的過程不是一蹴而就的，就其思想而言，這樣的轉化經歷了一個比較久的思考和探索。在 1919 年宗白華寫給郭沫若的回信中他已經表達了自己要由哲學轉向文學的想法，「我恐怕要從哲學漸漸的結束在文學了。因我已從哲學宇宙的真相最好是用藝術表現，不是純粹的名言所能言的，所以我認將來最真確的哲學就是一首『宇宙詩』，我將來的事業也就是盡力加入做這首詩的一部分罷了。」〔註3〕從宗白華的這個說法可以看出，無論是研究哲學還是從事文學或者是研究藝術，他的目的是一樣的，即探索宇宙的真相。

　　關於什麼是宗白華所說的「宇宙詩」，他在介紹柏格森的文章中寫過「德國哲學家郎格說：哲學是宇宙詩……圖畫美術是一種直接表示宇宙意想的器具，哲學用文字概念寫出宇宙意想，如柏格森、叔本華等，也可以說是一種美術」〔註4〕，由此可以得知，宗白華從哲學轉向藝術，受到了郎格〔註5〕的啟示。郎格認為一些真理具有不可知性，無法用文字和邏輯把握；而對於可把握的部分，圖畫等藝術比起哲學來更直接，因為藝術的創作和欣賞都離不開生命主體的感受和體悟。

〔註2〕宗白華：《宗白華全集》（第 2 卷）〔M〕，合肥：安徽教育出版社，2008，第 7 頁，《歌德之人生啟示》。

〔註3〕宗白華：《宗白華全集》（第 1 卷）〔M〕，合肥：安徽教育出版社，2016，第 225 頁，《三葉集》，原由上海亞東圖書館 1920 年 5 月出版。

〔註4〕宗白華：《宗白華全集》（第 1 卷）〔M〕，合肥：安徽教育出版社，2016，第 79 頁，《讀柏格森「創化論」雜感》，原刊登說《時事新報・學燈》，1919 年 11 月 12 日出版。

〔註5〕郎格指弗里德里希・阿爾貝特・朗格 Friedrich Albert Lange（1828～1875）德國哲學家、經濟學家。早期新康德主義的主要代表，代表作為《唯物主義史》，書中贊同唯物主義方法論，但拒絕唯物主義世界觀，認為有些真理是不可知的，無論是唯物主義還是任何形式的形而上學體系都不能聲稱擁有終極真理。朗格並把意識看作是主觀體驗，而不僅僅是物質的結果。朗格用生理學唯心主義來論證康德哲學，開新康德主義者從右面批判康德的先河。

一、轉向的具體過程及原因

1920 年 5 月，宗白華辭去《學燈》主編一職，啟程奔赴德國留學，途經巴黎，在巴黎結識了當時學畫的徐悲鴻，徐悲鴻帶著他參觀了巴黎的各大博物館、美術館，早已有計劃轉向藝術的宗白華在飽受了藝術的薰陶之後深受啟發，在歐洲大陸上實現了關注重心的轉向。宗白華自己在《看了羅丹雕刻之後》開篇即激動地寫到：「經過巴黎，徘徊於羅浮藝術之宮，摩挲於羅丹雕刻之院，然後我的思想大變了。」〔註6〕宗白華雖然沒有寫明自己思想具體的變化，但是從他的寫作和發表內容的轉向很明顯可以看出宗白華要從原來的通過哲學和理論來把握宇宙真理轉變成為通過藝術來把握。

除去自身思想的準備和藝術家徐悲鴻的指引之外，宗白華在此時此地的轉變也由於歐洲的藝術氣息濃厚，更是因為自己的心情輕鬆，「國內空氣與國外空氣完全不同」〔註7〕，此時作為學習者和訪客身份的宗白華來到一切都陌生的歐洲，跟當地的政治歷史隔出一段距離，因此能夠以審美的眼光、輕鬆的心情來看待歐洲的一切，而不是在國內時由於對祖國命運前途的擔心而滿心憂慮，因此注意力無法投注到中國的藝術與美之上。

綜合以上分析，可以分析得出宗白華的學術追求發生變化主要有以下幾種原因：

一、思想上的準備，由於受到德國哲學家朗格的啟示認為藝術對於宇宙生命真理的揭示更直接。宗白華寫過「德國哲學家郎格說：哲學是宇宙詩……圖畫美術是一種直接表示宇宙意想的器具，哲學用文字概念寫出宇宙意想，如柏格森、叔本華等，也可以說是一種美術。」〔註8〕宗白華學習哲學的最終目的本來就是揭示宇宙真理，如果充滿美感、豐富多彩的藝術也能達到揭示宇宙真理的效果，而且效果更直接話，那麼藝術就是一個比哲學更好的選擇。

〔註6〕宗白華：《宗白華全集》（一），安徽教育出版社，2016，第 309 頁，《看了羅丹雕刻以後》，原刊登於《少年中國》第 2 卷第 9 期，1921 年 3 月 15 日出版。

〔註7〕宗白華：《宗白華全集》（一），安徽教育出版社，2016，第 304 頁，《致少年中國學會》，原刊登於《少年中國》第 2 卷第 4 期，1920 年 10 月 15 日出版。

〔註8〕宗白華：《宗白華全集》（第 1 卷）〔M〕，合肥：安徽教育出版社，2016，第 79 頁，《讀柏格森「創化論」雜感》，原刊登說《時事新報・學燈》，1919 年 11 月 12 日出版。

哲學是一種抽象思維，經過深入的學習之後，宗白華發現自己充沛的生命充盈著的是美好的體驗和豐富的情緒，因此他就更傾向於選擇藝術這與他個人更契合的尋求真理的途徑。

二、朋友們的影響及引導。畫家徐悲鴻對宗白華的藝術之旅也起到了重要的引導作用，宗白華前往德國的途中中經巴黎，經朋友的介紹，拜訪在巴黎學畫的徐悲鴻，徐悲鴻熱情地接待了宗白華，並且在隨後的兩三周時間裏給宗白華作嚮導，盡訪巴黎的各大博物館、美術館，兩人興奮地交流著彼此對藝術和創作的感受，精神上達到高度契合。宗白華還親眼目睹了徐悲鴻在畫室裏勤奮學習西洋繪畫的情景，自此，兩人結下了深厚的友誼〔註9〕，此後一輩子相互幫助扶持。另外，由哲學轉向文學藝術在當時也是一種風尚，「王國維對叔本華、康德、尼采的哲學很感興趣，但最終疲於哲學而轉向文學；郭沫若早期也對西方哲學如法國柏格森的哲學很感興趣，但是最後並沒有從事哲學研究而轉向文學」〔註10〕。

三、抵達歐洲後，陌生的藝術產生的驚奇效果對宗白華產生了刺激。由於歐洲的一切對於宗白華來說都是陌生的，由陌生化而產生的驚奇的效果，會使藝術的震撼力加強。異質文化結合往往能產生別樣美妙、具有影響力的藝術，如歌劇中不朽名作《蝴蝶夫人》、《圖蘭朵》、《趙氏孤兒》等，講述的都是東方的故事。另外，歐洲的藝術文化批評的風氣很盛行，知識分子熱衷於從文化角度對待和評價文藝問題，受到這股風氣影響，宗白華也稱自己將來想做一個小文化批評家，「這也是現在德國哲學中一個很盛的趨向。所謂『文化哲學』頗為發達。」〔註11〕1925年春季，宗白華從柏林回國，歸國途中，他遊歷了歐洲。他參觀了雅典巴特農神廟和國家考古博物館、衛城山博物館、拜占庭博物館，又去了意大利米蘭參觀杜莫廣場哥特式建築杜莫主教堂。在米蘭，他參觀了附屬於聖瑪利亞教堂修道院的餐廳，觀看文藝復興時期的大藝術家、科學家達·芬奇的傑作《最後的晚餐》，達·芬奇

〔註9〕宗白華在後期回憶徐悲鴻的文章中提到年青留學時代的徐悲鴻就像一位勇士那樣在艱苦地戰鬥，學畫的熱忱讓人欽佩。據傳，徐悲鴻當時想買下自己老師，即柏林美術學院院長康普的幾幅油畫和素描原作，卻因囊中羞澀而一直不得實現。後宗白華慷慨解囊，幫助徐悲鴻實現了心願。

〔註10〕王岳川：《宗白華的散步美學境界》，《文藝爭鳴》，2017年。

〔註11〕宗白華：《宗白華全集》（一），安徽教育出版社，2016，第321頁，《自德見寄書》，原刊登於1921年2月11日《時事新報·學燈》。

的故居以及藏有拉斐爾《聖母瑪利亞的婚禮》等名作的普雷拉宮內的普雷拉畫廊。在水城威尼斯，宗白華觀賞莎士比亞《威尼斯商人》中描寫過的 14 世紀末葉的城市風光，參觀威尼斯的哥特式、文藝復興式、巴洛克教堂、鐘樓、男女修道院、宮殿……宗白華還在羅馬居住了一個多月，在這座猶如巨型的露天歷史博物館的城市裏，他參觀紀念君士坦丁大帝的凱旋門、威尼斯廣場的文藝復興時期的建築威尼斯宮、古羅馬的露天競技場、古羅馬的建築物潘提翁神殿、世界最大的天主教堂聖彼得大教堂。尤其是聖彼得大教堂，其中的拉斐爾的壁畫、米開朗基羅的雕塑，都使青年宗白華流連忘返。有這些觀摩藝術珍品的親身經歷，宗白華在東南大學和中央大學開設文藝復興時期的藝術課時，受到青年學生們的熱烈歡迎，每逢他講課，學生們總是把教室擠得滿滿的，有時甚至窗外也圍站著許多學生，他生動並且極具感染力的講述，使人如臨其境。

　　四、遠離了中國疾風驟雨般的救國運動，宗白華的心情相對輕鬆平緩。從深陷苦難的祖國出離後，歐洲求學的氛圍相對輕鬆，宗白華不需要以一種主人翁的態度對待歐洲，能夠以愉快輕鬆的心情、保持一定的距離來欣賞一切，這種間隔會使藝術的形象更突出。

　　五、此時期宗白華確定了自己的「美育」的人生目標，而藝術是實行「美育」的材料和介質。1920 年 7 月底，宗白華抵達德國法蘭克福，在法蘭克福大學哲學系學習，他從歐洲寄回《少年中國》的第一封信件中就表明自己終身欲研究之學術方向為「哲學、心理學、生物學」，終身欲從事之事業為「教育」，可見二十出頭的宗白華已經確定了自己從事教育事業的決心，並且一以貫之〔註12〕。而抵達德國深刻學習過席勒的美學思想後，其對藝術的重視應該對宗白華產生了重要的影響。宗白華在之後所寫的《席勒的人文思想》一文中高度讚揚席勒道：「他的人文主義是德國古典時代人文思想的精髓，他的美育論是美學上不朽的大作。」〔註13〕席勒特別重視藝術在人生與文化的地位的問題，他重視美好精良的藝術（Fine Art，也是我們通常意義上指的「美術」，其與普通的「藝術」概念相比，更具有去實用功能性的意味，主

〔註12〕宗白華在公開發表於 1922 年《少年中國》第 3 卷中《致王光祈書》中明確表
　　　　達了自己堅定地走學術和教育之路的態度，並稱中國的政治活動是「輕易喪
　　　　墮人格的政治活動」，與少年中國的宗旨是不符的。

〔註13〕宗白華：《宗白華全集》（二），安徽教育出版社，2016，第 113 頁，《席勒的
　　　　人文思想》。

要指創作出來供人們欣賞的那些藝術，那些「為藝術而藝術」的作品，但「美術」與「藝術」的概念也在不斷流動之中）是席勒所提出「美的教育」／「美學教育」（aesthetic education）的工具和手段，席勒認為美好藝術之典範性的美和完善能夠激發人們的善良和正義，提升人們的品質，淨化人們的心靈。宗白華極力推崇藝術的影響力無不從席勒的此主張中獲得，他寫到：「席勒想從『美的教育』，使墮落的分裂的近代人生重新恢復它的全整與和諧，使近代科學經濟的文明，進展入優美的藝術文化，如古代希臘與文藝復興時代。」〔註14〕由此分析可知宗白華對藝術的重視是為了日後進行「美育」而積累材料。

二、藝術本體論

1920 年 11 月 15 日，宗白華在《少年中國》上刊登題名就為《藝術》的詩歌，這首短詩雖然風格恬淡，但卻可以視為宗白華由哲學轉向藝術的「序章」。宗白華把藝術比作照亮世界的「光」，比作充滿生機的「春」，比作香氣怡人的「花」，這首小詩如燕語呢喃一般提示著宗白華學術生涯中一個新階段的到來：

> 你想要瞭解「光」麼？
>
> 你可曾同那林中透射的斜陽共舞？
>
> 你可曾同黃昏初現的月光齊顫？
>
> 你要瞭解「春」麼？
>
> 你的心琴可有那蝴蝶的翩翩情致？
>
> 你的呼吸可有那玫瑰粉的一縷溫馨？
>
> 你要瞭解「花」麼？
>
> 你曾否臨風醉舞？
>
> 你曾否飲啜春光？

寫作《藝術》之時，宗白華已經在激動地構思寫作《看了羅丹雕刻之後》了，如果說《藝術》的小詩是宗白華生命美學的序章，那麼熱烈激越的《看了羅丹雕刻之後》則為宗白華生命美學的宣言。宗白華在《看了羅丹雕刻之後》中開篇即提到藝術與生命的關係：「藝術是精神的生命貫注到物質界中，使無

〔註14〕宗白華：《宗白華全集》（二），安徽教育出版社，2016，第 113 頁，《席勒的人文思想》。

生命的表現生命，無精神的表現精神」〔註15〕，還鮮明地在行文中提出「精神（與物質、與肉體）」、「動（與靜）」、「自然」等生命美學的基本意涵，點出了生命的根源是創造的活力等，字裏行間透露著 23 歲宗白華的激動與熾熱，宗白華表示羅丹的雕刻像破開生命迷霧的一道電光那樣，使他在摸索前行的道路上看到了光明，神啟一般讓他確定了方向，使他對自己所走的這條生命美學之路有了把握和確信，「更增了一番信仰」〔註16〕。從宗白華赴歐留學起，宗白華就對自己之前的哲學與美學實踐進行了反思，他發現之前自己不斷苦思冥想的理論探索並沒有讓他更接近宇宙與生命的真實，反而是以羅丹雕塑為代表的藝術讓他感覺到了宇宙和自然的真實，讓他彷彿觸摸到了生命的脈搏與溫度。至此之後，宗白華堅定不移地接近藝術，感受藝術，進行藝術評介，甚至親自從事藝術創作。

　　宗白華說：「藝術家是個小造物主，藝術品是個小宇宙。它的內部是真理，就同宇宙的內部是真理一樣。」〔註17〕宇宙大道其實本就包蘊於我們所見所知所感之中，這「道」是隱晦的，是不易被察覺的，是需要很高境界來把握的。但是藝術則不然，藝術品是弘道之器，「道」在藝術品中得到彰顯，使人們能更加容易的在審美中把握宇宙生命的大道。宗白華說「紙面上的畫境是作家借託物象的描摹以寫出胸中的宇宙和自心的韻律，這是造境。所造的畫境必是一個嶄新的和諧均衡的小宇宙」〔註18〕，所以經常欣賞藝術品，獲得審美的體驗，親近「大道」，這會提高人的精神境界，葆養精神生命，溫養人的靈魂，因為「藝術是在感官直覺的現量中領悟人生與宇宙的真境，再借感覺界的對象表現這種真實」〔註19〕。在現代社會技術主義的擴張和砍伐中，生命和意義、藝術和價值、信仰和思維面臨沉重的危機之時，只有與生命同

〔註15〕宗白華：《宗白華全集》（一），安徽教育出版社，2016，第 309 頁，《看了羅丹雕刻以後》，原刊登於《少年中國》第 2 卷第 9 期，1921 年 3 月 15 日出版。

〔註16〕宗白華：《宗白華全集》（一），第 309 頁。

〔註17〕宗白華：《宗白華全集》（第 2 卷）〔M〕，合肥：安徽教育出版社，2008，第 61 頁，《哲學與藝術——希臘大哲學家的藝術理論》之（四）中庸與淨化，原載《新中華》創刊號，1933 年 1 月。

〔註18〕宗白華：《宗白華全集》（第 2 卷）〔M〕，合肥：安徽教育出版社，2008，第 232 頁。

〔註19〕宗白華：《宗白華全集》（第 2 卷）〔M〕，合肥：安徽教育出版社，2008，第 61 頁，《哲學與藝術——希臘大哲學家的藝術理論》之（四）中庸與淨化，原載《新中華》創刊號，1933 年 1 月。

構的藝術，才能持存人的生命感性，藝術成為人的精神家園。伽達默爾在他的《真理與方法》〔註20〕第一章中即提出藝術經驗是一切科學的基礎，首先是精神科學的基礎，特別還是歷史學的基礎，人們在書寫歷史時是自由的，就如人們在創作藝術時那樣。

宗白華從此時期起，學術的重心就轉向了蘊含宇宙大道的肉身——藝術品，因為它們不僅是美的，而且是歷史的，富有哲理的，藝術是人們的生命借助一定的符號系統所進行的一種延伸。世界失去了和諧，當生活的節奏感喪失時，人們還能夠藉以藝術重新找到自由、重返生命的中心。宗白華總結了藝術的三層價值結構：形式的價值（美的觸動）、抽象的價值（也為「生命的價值」）、啟示的價值（啟示宇宙人生的真理）。他還重點提到了形式方面重要的「間隔化」功用，「美的對象之第一步，需要間隔」〔註21〕，就像給戲劇準備舞臺、給畫準備畫框，間隔造成美感。王岳川在其《藝術本體論》一書中提到「藝術是原初的哲學，哲學是本真的藝術」〔註22〕，藝術本體論不像科技理性那樣去人之外的世界拼命求索，而是轉向對藝術存在自身的探討，轉向人的本然處境和人的無限可能性之復歸。這種內向式的探索使得藝術成了人們生存的揭示，成了人渴望追求和超越的家園，藝術能夠幫助人拒斥虛無主義，找到生命和存在的意義。因此本章選擇宗白華此時期所觀照的藝術、文學作品作為理解和把握其生命美學的出發點和落腳點，此時期宗白華所觀照的藝術集中在西方的藝術，主要是西方的雕塑和文學，這跟他在歐洲留學的切身經驗是分不開的。

1920 年 7 月中旬，宗白華抵達巴黎，經朋友的介紹，拜訪在巴黎學畫的徐悲鴻，徐悲鴻熱情地接待了宗白華，並且在隨後的兩三周時間裏給宗白華作嚮導，盡訪巴黎的各大博物館、美術館，兩人興奮地交流著彼此對藝術和創作的感受。1921 年春天，宗白華從法蘭克福大學轉學到柏林大學學習美學及歷史哲學，師從多位德國著名美學家、藝術家和哲學家。他系統地學習了溫克爾曼、萊辛、席勒、歌德等人的美學和藝術學思想，他們的美學思想都

〔註20〕〔德〕伽達默爾：《真理與方法》，〔Ｍ〕，北京：商務印書館，洪漢鼎譯，2007年。

〔註21〕宗白華：《宗白華全集》（第 2 卷）〔Ｍ〕，合肥：安徽教育出版社，2016，第70 頁，《略談藝術的「價值結構」》，原載於《創作與批評》第 1 卷第 2 期，1934 年 7 月。

〔註22〕王岳川：《藝術本體論》，中國社會科學出版社，2005 年，第 57 頁。

對宗白華產生了重要的影響，以席勒為例，席勒提出了 Fine Art 的概念，直譯為美好精良的藝術，即是我們通常意義上指的「美術」，其與普通的「藝術」概念相比，更具有去實用功能性的意味，主要指創作出來供人們欣賞的那些藝術，那些「為藝術而藝術」的作品，Fine Art 是席勒所提出「美的教育」／「美學教育」（aesthetic education）的工具和手段，席勒認為美好藝術之典範性的美和完善能夠激發人們的善良和正義，提升人們的品質，淨化人們的心靈。宗白華極力推崇藝術的影響力無不從席勒的此主張中獲得。

1925 年春，宗白華從柏林回國，歸國途中，他漫遊了歐洲。去希臘時，他參觀了雅典巴特農神廟和國家考古博物館、衛城山博物館、拜占庭博物館。之後又去了意大利，在米蘭他先參觀了杜莫廣場上的哥特式建築杜莫主教堂，之後參觀了聖瑪利亞教堂修道院的餐廳，親眼觀看了依然存於修道院餐廳牆壁上的達芬奇的代表作《最後的晚餐》。米蘭之後他前往威尼斯，參觀了威尼斯哥特式、文藝復興式、巴洛克式的教堂、鐘樓、修道院、宮殿⋯⋯宗白華還在羅馬居住了一個多月，在這座猶如巨型的露天歷史博物館的城市裏，他參觀紀念君士坦丁大帝的凱旋門、威尼斯廣場、文藝復興時期的建築威尼斯宮、古羅馬的露天競技場、梵蒂岡的聖彼得大教堂。尤其是聖彼得大教堂中的拉斐爾的壁畫、米開朗基羅的雕塑，都使青年宗白華流連忘返。

1925 年，宗白華從德國學成歸國，即被聘為東南大學（後來的中央大學）哲學院教師，並開設美學、藝術學、中西哲學之比較等課程，正式開始了他的教育事業。宗白華最為精湛的美學著述，基本上都是在這個時期完成的〔註23〕。在其撰寫的《美學》講稿中，宗白華居然繞開了「感性」〔註24〕，而獨

〔註23〕這個時期是宗白華先生學術的黃金期，進入中青年時期的宗白華脫去了青少年時代的稚拙，又擁有了遊歐五年積累的對西方一流藝術的觀察與思考，豐富多彩的人生經歷，相當穩定的生活和社會地位，讓美學家宗白華的精神之花得到了綻放。

〔註24〕美學之父「鮑姆嘉通」在其《美學》提綱中開篇「美學是感性認識的科學」，其研究對象包括自由藝術的理論、低級認識論、美的思維藝術、與理性相類似的思維藝術。在德國接受了哲學教育的宗白華在介紹「美學」時卻幾乎完全繞開了「感性」，不知有何深意。「美學」學科在 18 世紀於德國興起便是對當時壓倒一切的「理性主義」的進行一種平衡式抵抗，而宗白華在其《美學》提綱中強調了「美學的應用」，他非常關注如何用美學陶冶民族性，用美學對國民進行教育。

關蹊徑地即將「人生方面」定為美學之兩對象中的更重要的一方面（美學的第二研究對象被宗白華規定為「文化方面」），足見宗白華的整個學問研究、教育事業是指向鮮活的生命、豐富的人生。宗白華講授文藝復興時期的藝術，娓娓道來，神采飛揚，又結合自己歐洲遊歷時親身的經歷和體會，讓人如臨其境，極具感染力。每當宗白華講課時，教室總是被來自各個系別的學生擠滿，甚至窗外都能看到學生在旁聽，後來頗有名氣的畫家張玉良等人也在旁聽的學生中。

宗白華的藝術本體論及其以生命為其內核的傾向跟哲學界整個本體論的演進是有著密切關係的。在西方的哲學體系中，本體經歷了從古希臘時代的自然實體（水、數、全、在）本體論演化到中世紀的神學（上帝）本體論再到近代的唯理性（「我思」）本體論的過程。自康德時代起，哲人們由於不滿自然本體論或理性本體論，提出了「生命本體論」，把生命解釋成人的價值存在，人的終極意義顯現，這才是人生活於世界中的本原，而人的生存又進一步具體化到通過藝術來揭示的表達。

對藝術賦予重要價值是由上帝之死所導致的價值虛無的歷史處境引起的，藝術本體論的出場，代表的是當代西方美學對個體生命活力、個體生命的絕對肯定和對人自身焦慮的解答。在這個意義上，藝術成為了人的生存方式、人靈魂棲息的方式。宗白華一生倡導人們與一流藝術作品的直接接觸，其自己更是從不錯過跟藝術的接觸機會，他在《我和藝術》中寫到「一俟城內有精彩文藝展，必拄杖擠車，一睹為快。今雖老態龍鍾，步履維艱，猶不忍釋卷，以冀臥以遊之！」〔註25〕

藝術是生命能得超越的中介。首先，藝術能夠對時間進行超越，人是有限的存在，時間是有限無限關係的焦點，而當人們將藝術與時間結合起來，時間即成為一種自身肯定的過程。諾瓦利斯認為，詩、藝術就是要打破過去、現在、未來的絕對界限而創造詩意般的世界。在藝術之中，過去和未來作為回憶和預感而進入當下生存之中。人通過藝術而追求無限，他因這種無限的追求從而從有限存在之中超越出來，而使這追求本身變成了無限，在詩與藝術的世界裏，剎那凝聚為永恆。與永恆生命力溝通的時刻，恰恰是人生詩意

〔註25〕宗白華：《宗白華全集》（第3卷）〔M〕，合肥：安徽教育出版社，2016，第615頁，《我和藝術》，本文是宗白華於1983年為《藝術欣賞指要》一書所作的序。

化中那些忘我的陶醉的瞬間。用藝術得到永生，對抗對死亡的恐懼的例子比比皆是，濟慈，不過三十歲，創作時間 5 年，最好的作品都是在 1819 年一年寫的，其 1821 年就去世了，用生命的綻放寫詩，漸漸逼近的死亡成為了他創作的源泉。《夜鶯頌》、《希臘古甕頌》都跟死亡有關，詩人害怕死亡，於是渴望通過一種方式，用藝術的手段來獲得了一種永生的形式，濟慈的詩被人代代傳誦。另外，藝術能夠對空間進行超越，藝術本體論幫助感性個體超越自身的侷限而與人類總體同一。人的空間超越向度是向上昇華，超越日常生活空間、日常意識而成為昇華狀態。這是一種以超驗原則來設定世界，找到世界本意，使世界詩意的昇華活動。詩人和藝術家在寫作和創作的過程中，個人審美體驗接通深達集體無意識的原始意象，詩人和藝術家作為人類的靈魂對全體人類說話。第三，藝術能夠成為人生的信仰，將人從無盡庸擾的俗世生活中超度，通過邏輯推理達不到無限，只有與人的生命同構的藝術，才能持存人的生命感性，成為了心靈的庇護所和精神的家園，幫助人們重拾生命和存在的意義和價值。人通過藝術使有限與無限有了一個聯繫一節。跟宗教一樣，藝術是一種幫助克服內心恐懼的方式，所有的恐懼歸結起來最終指向的是對死亡的恐懼。

三、哲學與藝術關係演變

　　宗白華認為藝術境界的體驗是人類「最高的精神活動」，藝術境界與哲理境界都是「誕生於一個最自由最充沛的深心的自我。這充沛的自我，真力彌滿，萬象在旁，掉臂遊行，超脫自在，需要空間，供他活動」〔註 26〕。

　　關於哲學與藝術的關係，宗白華在其寫就的《美學史》、《文藝復興的美學思想》中多次提到，在《美學史》〔註 27〕中，宗白華論述了柏拉圖的理論體系中哲學對藝術發動了「兩次剝奪」進行了「兩次侵犯」。一是源於柏拉圖提出的著名「三床喻」，即藝術之於真理，隔了三層，藝術只是描摹感官所經驗的本真理念世界的影像，因此是影子的影子，無法引領我們達到真理，是真理的走形，他把藝術和藝術家的低位置於現實生活用品和工匠之下；二是

〔註 26〕宗白華：《宗白華全集》（第 2 卷）〔M〕，合肥：安徽教育出版社，2016，第
　　　　368 頁，《中國藝術意境之誕生》。
〔註 27〕宗白華：《宗白華全集》（第 3 卷）〔M〕，合肥：安徽教育出版社，2016，第
　　　　297 頁，《美學史》，根據宗白華筆記整理。

柏拉圖認為藝術只能滿足人的快感，無益於公民穩定健全的心智，損害了人們的理性，不利於城邦的管理和統治，最終柏拉圖將詩人逐出了理想國。柏拉圖理論體系中如此對藝術的傾軋、將詩人趕出理想國的思想在他所生活的當時，其實是他面對著一種與他的理想完全不同甚至相反的現實而產生的一種烏托邦式的改寫——正是因為連柏拉圖自己都時刻受到藝術對他的影響而難以擺脫其對自己的影響，才提出這樣的理論。柏拉圖自己就是詩人，並且極其崇拜宇宙自然人生之美。

反向來看，藝術對人的影響一直深刻，宗白華寫到：「柏拉圖這樣看輕藝術，賤視藝術家，甚至要把他們排斥於他的理想國之外，而他自己在語錄文章裏卻表示了他是一位大詩人……」〔註 28〕。但是就對柏拉圖主張的哲學對藝術的傾軋，出現了幾種反抗，一種是讓哲學（美學）成為對藝術的闡釋、一種藝術的從屬和注腳的對抗；而另一種則是要將藝術和哲學徹底分開，由於這種分裂，導致了黑格爾意義上的「藝術通過自身的哲學自覺達到其終結和實現的藝術史模式」〔註 29〕，即「藝術的終結」，這樣的分裂也導致了藝術失去了自己原本的特點，成為一種「異化的哲學」，成為一種對世界進行反思和批判的媒介，現代主義藝術的興起和發展，卻似乎恰好驗證了黑格爾的這種推論。藝術與哲學的關係古老而又複雜，它的精妙是我們的分析描述難以企及的，這種情形類似精神與肉體間的關係。

叔本華則似乎把藝術當作一種「形而上學之窗」——把藝術當成一種彌補認識的東西，一個通過它我們能看見深層實在的形而上學之窗，但即使對認識其自身確有什麼貢獻的話，它也沒有什麼更深一層的意義：是通過它，可看到的並非它自身——因而越透明越好，即藝術是一種要被我們『通過』、去探求意義的借助物，好比佛教中『登岸捨筏』中的那為了達到彼岸而不得不借助、但抵達之後注定要被捨棄掉的竹筏。

宗白華關於哲學與藝術關係的理解，最開始是受到了德國哲學家朗格的影響，他曾經引用朗格關於這個問題的看法：「哲學是宇宙詩……圖畫美術是一種直接表示宇宙意想的器具，哲學用文字概念寫出宇宙意想，如柏格森、

〔註 28〕宗白華：《宗白華全集》（第 3 卷）〔M〕，合肥：安徽教育出版社，2016，第300 頁，《美學史》，根據宗白華筆記整理。

〔註 29〕〔美國〕阿瑟・丹托：《哲學對藝術的剝奪》，中國社會科學出版社，2011，第 3 頁。

叔本華等，也可以說是一種美術」〔註30〕，郎格認為一些真理具有不可知性，
無法用文字和邏輯的把握；而對於可把握的部分，圖畫等藝術比起哲學來更
直接，因為藝術的創作和欣賞都離不開生命主體的感受和體悟。後來，宗白
華在文藝復興時期的學者拉斯凱里約的理論中找到了近一步的支持，宗白華
寫到：「他要求哲學根本上應成為藝術、詩，像它在希臘初期那樣（哲學以長
詩的體裁和風味表達出來，後來的哲學家卻採取了散文來寫出他的思想）……
哲學是人力所能努力達到的『上帝的模仿』，而上帝是把一切布置在音律和節
奏之中，因此，誰追隨著上帝的行蹤，體會著上帝的創造，就必須也能韻律
式地製造形象，哲學家必須做詩人。藝術裏的規律性使我體驗到散文所永不
能把我們帶去接近的某一些東西。藝術使不可能的東西說出來，只有藝術能
宣講出最後的和最深的真理。」〔註31〕拉斯凱里約的理論更清楚地點明了為
什麼上帝的秘密藏在藝術中，又為什麼藝術能夠比哲學顯現出揭示真理的優
越性，因為一切真理都在宇宙世界的旋律當中，音樂舞蹈等藝術能夠與這樣
的旋律共同震顫，因此讓人通過這些藝術類比到宇宙的旋律，而哲學無法用
語言將這樣的節奏真切地描繪出來。

因此，關於藝術與哲學的關係，宗白華說到，「藝術最鄰近於哲學，它是
達到真理表現真理的另一道路，它使真理披了一件美麗的外衣」〔註32〕，上
一節提到宗白華對藝術的觀照具有一種藝術本體論傾向，藝術本體論是對藝
術存在的反思，是對藝術的意義和價值的領悟和揭示。沒有一成不變的藝術
本體，正如沒有永恆凝定的人的本質一樣。藝術與人類具有一種同構關係，
藝術是由人創造出來，並為了人而存在，藝術的中心是人的生命形式，藝術
是人超越生命的有限性而獲得無限性的中介。

上一章提過，「新文化運動」時期的宗白華跟當時的很多學者一樣，學術
實踐具有濃厚的審美功利主義和啟蒙主義傾向。宗白華和同輩們力圖用西方

〔註30〕宗白華：《宗白華全集》（第 1 卷）〔M〕，合肥：安徽教育出版社，2016，第
　　　　79 頁，《讀柏格森「創化論」雜感》，原刊登說《時事新報・學燈》，1919 年
　　　　11 月 12 日出版。

〔註31〕宗白華：《宗白華全集》（第 3 卷）〔M〕，合肥：安徽教育出版社，2016，330
　　　　頁，《文藝復興的美學思想》。

〔註32〕宗白華：《宗白華全集》（第 2 卷）〔M〕，合肥：安徽教育出版社，2008，第
　　　　61 頁，《哲學與藝術——希臘大哲學家的藝術理論》之（四）中庸與淨化，原
　　　　載《新中華》創刊號，1933 年 1 月。

的思想改造當時落後於世界民族之林的舊中國，對生命意涵的闡釋主要為不懈的奮鬥創造、豐富的生活體驗、強健活潑的身體和豐富的情感等，其帶有很強的教化大眾、尤其是教育年青的動機。當宗白華抵達歐洲，學術重心由哲學轉向藝術之後，他也開始主張審美的非功利性，其美學實踐也自覺地去掉了以往的功利性。

　　席勒美學思想中的「遊戲說」對宗白華產生了重要的影響，席勒認為無論是藝術創作還是整個人的一生，都不應該被種種目的所裹挾，應該像孩子那樣自由地遊戲，遊戲是人生最高最完美的境界，「只有當人在充分意義上是人的時候，他才遊戲；只有當人遊戲的時候，他才是完整的人。」〔註33〕宗白華在《席勒的人文思想》中重審了席勒在藝術中游戲的主張，認為藝術應該是「自由的愉悅的『遊戲式』的創造……一切皆發於心靈的自由表現」〔註34〕，類似的，人生也應如此，「於是乃能舉重若輕行所無事，一切事業成就於『美』，而人生亦不失去中心與和諧。」〔註35〕要達到席勒所說的和諧自由的狀態，實現的途徑就是「美的教育」，即人們常說的「美育」，美育會終將使人的生活也成為一種藝術，這也是宗白華此後一生的踐行。

第二節　宗白華對西方藝術中生命的觀照

　　宗白華提出藝術家的「使命是將生命表現於藝術形式之中……以精神與生命的表現為藝術的價值」〔註36〕，因此哲學家可以通過靜觀領悟藝術品中的啟示。宗白華在翻譯和研究溫克爾曼的理論時評論到：「一切精神生活及一切藝術正像一個有生命的植物，隨著盛開與凋謝而變化，並與自然的民族生活條件保持原始關係。」〔註37〕藝術和文學由於其跟現實生活的距離而給人帶來新鮮

〔註33〕〔德〕席勒：《審美教育書簡》，張玉能譯，譯林出版社，2009 年，第十五封信。

〔註34〕宗白華：《宗白華全集》（第 2 卷）〔M〕，合肥：安徽教育出版社，2008，第114 頁，《席勒的人文主義思想》，原載《中央日報》，1935 年 1 月 11 日。

〔註35〕宗白華：《宗白華全集》（第 2 卷）〔M〕，合肥：安徽教育出版社，2008，第114 頁，《席勒的人文主義思想》，原載《中央日報》，1935 年 1 月 11 日。

〔註36〕宗白華：《宗白華全集》（第 2 卷）〔M〕，合肥：安徽教育出版社，2016，第57 頁，《哲學與藝術》，原載於《新中華》創刊號，1933 年 1 月。

〔註37〕〔德〕Heinrich Geiger《審美觀與藝術獨立性——朱光潛和宗白華對現代中國美學發展的貢獻》，《美學的雙峰：朱光潛、宗白華與中國現代美學》，葉朗主編，1999 年，第 118 頁。

新奇的感受，從而給人們以新的啟發。宗白華在 1980 年為鄒士方撰寫的《宗白華評傳》中題詞「沒有生命便沒有藝術」，「生命」和「藝術」二者在宗白華的生命美學體系中是具有本體高度的核心概念，宗白華說：「生命的境界廣大，包括著經濟、政治、社會、宗教、科學、哲學這一切都能反映在文藝裏。然而文藝不只是一面鏡子，映現著世界，且是一個獨立的自足的形相創造。」〔註38〕宗白華留德期間學習以黑格爾〔註39〕為代表的德國哲學，他的導師瑪克斯‧德索還是藝術學學科的奠基之一，他們不僅呼籲藝術科學從美學中獨立出來，並且倡導通過對不同具體藝術類型的形式分析去把握其所蘊含的精神，因為每個時代留存下來的藝術，就是為那個時代生命氣息的延綿與持存，自帶有那個時代的氣質與節奏。通過藝術來把握生命、揭示宇宙人生的奧秘是宗白華生命美學體系正式建立的標誌。

宗白華在此生命美學建立期所觀照的主要為西方的文學與雕塑。「觀照」又可以稱為「審美觀照」，其是「審美」的前身，如柏拉圖的「迷狂」，他認為只有少數天才才能達到「迷狂」狀態，回憶起美本身，從而觀照到理念的美，獲得美感；亞里士多德將人類活動分為三類：認識和觀照、實踐行動（城邦公民所應盡的職責）和創造（藝術活動，包括一切人工製作）。亞里士多德認識和觀照作為人類三大類活動中最高的，因為在他看來，通過這種活動，人的智慧最能得到凸顯、才能面對最高真理。古羅馬普洛提諾也提出憑藉心靈的觀照能力才能把握美；文藝復興後，觀照一詞逐漸與「審美」互用或者被代替；康德明確提出了「靜觀」的概念，宗白華早年在將康德介紹到中國的時候就詳細介紹過，康德的「靜觀」指一種排除利害感、超絕實際生活欲念而專注於對象的審美判斷；宗白華將叔本華的「靜觀」總結

〔註38〕宗白華：《藝境》，商務印書館，2011，第 212 頁，《論文藝的空靈與充實》，原刊登於《觀察》第 1 卷第 6 期，1946 年。
〔註39〕黑格爾認為藝術是精神發生的歷史，在他的《美學》中，他根據精神（內容）與形式的相對關係將藝術劃分為了象徵型藝術、古典型藝術和浪漫型藝術三個階段。在黑格爾看來，以埃及金字塔等大型建築為代表的象徵型藝術反映的是一種模糊的、無法確指的精神，主要可以將其歸納為「崇高」；以古希臘雕刻為代表的古典型藝術其外在的感性形式正好清楚地表達了理念（如希臘雕刻中每一塊肌肉、每一條衣褶在黑格爾看來都是富有靈性、表達意義的）；到了基督教以後的浪漫型藝術，內容和形式又開始分裂，藝術所表達精神越來越主觀化、抽象化，藝術家的技巧也越來越精巧，有時甚至把握的只是一個瞬間的感受。

為「Contemplation（靜觀）此字之意，即停止一切衝動，用極冷靜之眼光觀察之……叔本華用此方法去觀察，實為審美之要道」〔註40〕。叔本華的「靜觀」其實包括了兩個層面，一是要全神凝注於被觀照的對象之上，漸入境界之後達到主客觀合一；二是摒除一切欲望與急功近利，即叔本華所說的「停止一切衝動」，以極自由的、不受羈絆的心靈沉浸在藝術境界中。老子提出的「滌除玄覽」，莊子提出的「靜心」、「心齋」、「坐忘」等排除外在功利欲念的靜觀審美態度與心理活動方式也與觀照是相通的。蘇軾有「靜故了群動，空故納萬境」，中國人講求的是忘卻塵俗，澡雪精神，於靜中觀萬物理趣。

觀照正是宗白華在面對藝術品、面對藝術化的生活所採取的態度與方法，他說藝術家利用「形式」表現生命，而哲學家觀照藝術，當面對一件具體藝術品時，排除干擾，集中注意力於藝術品本身，萬象如在鏡中光明剔透，各得其所，默默地吐露光輝；進而再到聯想、想像，進而跟整個宇宙人生進行一種接通，發現藝術品所擁有的精神的及充實的自由的生命的內涵。本書也依循著觀照的方法，去把握和體會藝術與生活所揭示出來的人之存在的根本方式，「我們欣賞藝術的目的也就是從這藝術品的興感渡入真、美的觀照。藝術品僅是一座橋樑……」〔註41〕

一、西方雕塑中彰顯的生命：以羅丹雕塑為例

雕塑是用耐磨性和可塑性較強的物質材料塑造出的佔據三度空間的造型藝術，其通過形象和節律表達某些特定的思想和情感，是西方人用以表達生命的載體，因而成為了宗白華重點關注的西方藝術類型。不同於黑格爾將古希臘雕塑視為藝術的頂峰，宗白華以羅丹雕塑為代表的現代雕塑造詣更高，因為有無生命情感、含有精神的多寡是宗白華評論藝術作品的標準。

〔註40〕宗白華：《宗白華全集》（第 1 卷）〔M〕，合肥：安徽教育出版社，2016，第438 頁，《美學‧審美方法：靜觀論》，本論著是宗白華寫於 1925～1928 年的講稿整理。文中標題為編者所加。從 1925 年至 1949 年，宗白華在中央大學講課時，以此講稿為底本，在此基礎上加以發揮。原稿有作者在不同年代所加的筆跡。

〔註41〕宗白華：《宗白華全集》（第 2 卷）〔M〕，合肥：安徽教育出版社，2008，第63 頁，《哲學與藝術——希臘大哲學家的藝術理論》之（四）中庸與淨化，原載《新中華》創刊號，1933 年 1 月。

　　雕塑的起點便是對生命的表達和刻畫。目前世界公認最早的藝術作品為出土於奧地利的「維林多夫的維納斯」，其為一尊高僅為 11 釐米的女性裸體雕像。這件距今兩萬多年的雕塑作品以極其誇張的手法對女性的性徵（胸部、腹部和臀部）進行了強調，而對其他部分進行了淡化處理。這是一件直接表達「生命」與生殖崇拜的作品，豐乳肥臀的女性雕塑散發著濃列的性成熟氣息，母性的感覺撲面而來。這樣對女性身體「曲線化」和「球體化」的處理，在印度雕塑中也隨處可見，女性身體「三道彎」和「球狀」是印度女性造像的突出特徵，由圓球狀堆迭出來的女性身體厚實溫暖。在生產力低下的時代，只有這些最健壯最有力量的女性，才能避免被餓死，才能哺育出最健康的下一代，因此她們有著特殊的魅力，成為了被雕刻、被表現、被崇拜的「美」的對象。古希臘的雕塑、以及 15 世紀晚期以來的人物畫，更是集中地對「身體」，特別是雄壯充滿生命力的男性身體及豐腴美麗的女性身體進行了熱情地描繪和讚揚。

　　因為雕塑有高度的概括性，體量龐大的雕塑往往成為一個國家、一座城市或一個時代的標誌，如屹立在美國紐約哈德遜河口的「自由女神像」宛若一部可見的《獨立宣言》。宗白華簡單地將雕塑在西方的發展分為了三個階段，一是古希臘的雕塑，二是以米開朗琪羅為代表的文藝復興時代的雕塑，三是以羅丹為代表的現代派雕塑。不同於人們慣常的觀點，宗白華認為文藝復興時代起的雕塑作品較之被溫克爾曼所高度讚美的具有「高貴的單純、偉大的靜穆」古希臘的雕塑是有進步的，最主要的是以米開朗琪羅為代表的一代雕塑家起特別注重表現雕塑的生命力，而現代派雕塑在宗白華的評價體系中具有最高的地位，因為雕塑對生命和精神表達程度的高度，是宗白華用來評價雕塑的標尺。

（一）古希臘雕塑中的身體之美

　　對於古希臘人而言，宇宙是圓滿和諧並且秩序井然的，人體就是整個大宇宙中的小宇宙，完美的身體象徵的是完滿和諧之宇宙的秩序井然，雕刻家們將完美人體的雕塑視為神性的象徵。希臘的雕塑家通過他們的作品去表現人與世界的關係，去解釋世界、宇宙的理性和規則，這是古希臘雕像身體之下隱藏的神廟。

　　古希臘那一座座被精雕細琢、比例勻稱和諧的身體，代表著黑格爾所說

的美的最高典範，雕塑的每一塊肌肉、每一根線條之內都是蘊含著精神的，如不同的神像雕塑也會代表不同的精神，如現存的「斷臂的維納斯」雕塑表現了美神愛神的優雅豐滿，「勝利女神」則是一派乘風破浪的意氣風發之勢，太陽神赫利俄斯的雕像雖然只殘存了那從海中升起的雙駕馬車的馬頭，但那種昂揚向上的蓬勃氣質依然明顯，從馬上揚的頭顱，因為用力飛昇而張大的鼻孔、面部膨脹起的血管的紋路、飄逸的鬃毛及粗壯的脖頸都讓人感受到一種蓬勃向上的朝日升騰的氣勢。

　　大英博物館中展出〔註42〕的群像「阿佛洛狄特和狄俄涅」的三位女神頭部和手臂雖然都已經失卻，但其衣褶絕妙地表達水和慵懶放鬆的情緒，美輪美奐，非常切中狄俄涅為洋流女神的身份，同時也渲染了狄俄涅與阿佛洛狄特溫情脈脈的母女感情，似乎讓人能感受到女神們一呼一吸間吐納出的動人彩虹；衣褶的處理不僅可以表現出水，在表現與水無關的畫面時，其呈現出輕盈狀的每一絲褶皺則都像在訴說空氣的流動；而所有的神像都透露出古希臘對肉體無限的迷戀。一組雕刻著人馬獸大鬧拉比斯婚禮的柱間高浮雕壁畫突顯出了一種非理性之美：象徵著熱情、性慾、野性、兇殘和生殖力的人馬獸有著完美的身體輪廓與線條，他們原本是受邀請來參加拉比斯（Lapith）一部落的婚禮，飲酒狂歡之後，人馬獸酒後亂性竟然大鬧婚禮並且試圖劫持新娘而去！於是在人馬獸和拉比斯人之間展開了一場激烈的惡戰，這一幅幅刻畫這惡戰場景的高浮雕壁畫有一重要的共同點便是其上所有戰鬥的結局都是未定的，這樣勝負難分、充滿各種可能性的場景被表現出來，充滿了無窮的張力。代表著非理性力量之人馬獸血液中流淌著的不可預測性因素。

　　不同於黑格爾將古希臘的雕塑視為藝術的典範和終結，宗白華認為古希臘的雕塑不如後代，提出這樣的觀點非常有理論的勇氣。宗白華認為「雕刻之表

〔註42〕大英博物館中的 18 展廳展出的是古希臘雅典衛城帕特農神殿的讓人歎為觀止的雕塑。1687 年，帕特農神殿發生了爆炸，很多雕塑都不再完整或者成為了碎片；1800 年前後，英國駐伊斯坦布爾大使埃爾金勳爵在自己在任期間用極低的價格購買了帕特農神殿上很大一部分的雕塑，並運回了英國，因此這個展廳內的雕塑作品被稱為「埃爾金大理石（Elgin Marbles）」。在人類文化史上，沒有多少件藝術品像埃爾金大理石被搬運到英國這樣引起如此激烈的反響，希臘人從未寬恕過埃爾金的做法，至今希臘方面仍然強烈要求英國歸還這些無價之寶。

現精神，不但在身體上，即在面貌上亦能表現出，但希臘雕刻則面貌上之表現遠不如後代之精緻細密」〔註43〕，宗白華做出這樣的評價，是因為就雕塑對精神上的表達而言，他認為古希臘主要表達的是一些具有典型性的精神〔註44〕，如代表著神性的均衡、適度、比例、優雅〔註45〕，而無個性。古希臘的雕塑非常注重人體表現，確實是很少刻畫人物的面部表情的，更不注重表現人物的心理狀態。宗白華總結到到了希臘晚年的雕刻才漸漸有了改變，開始表達一些具體類型，如「醉」和「痛苦」，這種改變甚至成為了後世雕刻表達個性精神的先驅。這大概是因為到了羅馬時期，雕塑的形體之下不再隱藏著代表著神性理性秩序，羅馬的雕塑家也不再借助其作品解釋宇宙人生，而關注人們真正的肉身，因此，雕塑發展到古羅馬時期，雖然依舊保持了古希臘時期的很多特徵，但人物表情和細節慢慢受到重視（這一點可以從很多羅馬對希臘雕塑的仿作中看出），表面細節的刻畫超過了其對內在規律和真理的把握，這是由於羅馬的藝術較希臘向神〔註46〕的藝術而言，更是一種世俗的、大地上的藝術，其藝術存在的主要目的是紀念豐功偉績和炫耀戰事，以讓他們觀看崇拜。羅馬人重視現世的、此岸的生活，他們對真實的一切充滿信心，因此熱情洋溢地刻畫，對真實的狀態和質感進行充分表達。

（二）文藝復興雕塑的精神之美

　　文藝復興時期的藝術從精神方面來說仍然是古典的，它們非常注重人體的表現，人物的表情仍然沒有得到極大的重視，這是因為注重人體的表現在西方存在已久，難以打破。當一件藝術作品稍微對人物面部表情進行更多地

〔註43〕宗白華：《宗白華全集》（第 1 卷）〔M〕，合肥：安徽教育出版社，2016，第575 頁，《藝術學（講稿)》，本講稿根據由宗白華先生親筆修改過的《藝術學》（宗白華講演）的筆記整理、校注。大約講於 1926～1928 年。

〔註44〕雖然宗白華不同意黑格爾關於雕塑高下的評論，但是在藝術表達精神方面，宗白華卻是從黑格爾那裡得到了直接的傳承。

〔註45〕在古希臘，美與藝術起源於實體物之間的和諧與比例，畢達哥拉斯認為美起源於數的比例和關係，「黃金分割」是美的數理標準，亞里士多德美／理想的藝術即是用最適當的材料在適當的形式中描摹最美的對象。狹義的美即是——和諧、秩序、比例、平衡，這是美麗的最高標準與理想，也是古希臘藝術美的徵象。古希臘人還特別推崇人體的美，在他們看來，人體美中包含著秩序、比例、和諧、平衡，最高的人體美也是神性的象徵。

〔註46〕當今我們看得到的很多希臘雕塑出自帕特農神廟的遺存，如果將很多雕塑復原，它們本來是存在於高出地面幾米、十幾米的神殿頂之上，其創作是一種對神的膜拜和景仰，而非讓人觀看。

表現，就會顯得非常醒目，如《蒙娜麗莎》。達芬奇在蒙娜麗莎的面部表情中刻畫了某種複雜的內心世界和難以捉摸的情緒，便成為了人文精神的體現。文藝復興繼承了古希臘藝術的造型傳統，但同時也創造了一個新的時代——藝術家人在注重對外部形體的刻畫之時，也注重探尋人物的內心世界和精神世界，這樣的變化在那個時代其實是非常艱難〔註47〕的。

　　文藝復興時代米開朗琪羅雕刻的「大衛像」常常被推崇為全世界最美的雕塑，宗白華認為正是以米開朗琪羅為代表的一代雕塑家起特別注重用雕塑表達生命力，表達精神。大衛的五官精緻，肌肉健美，四肢修長並且充滿力量，血管脈絡清晰，是青年男子身體美的典範。「大衛像」是文藝復興時期最大的雕塑工程，米開朗琪羅經過四年的鑿刻，終於在 1504 年完成，英俊的少年大衛被從沉睡的石頭中喚出。大衛英俊的臉龐充滿憤怒，目光嚴厲地注視著敵人，軀體高大，雙手大且暴露青筋，手指粗壯並緊握投石器，這一切都透射出無窮的力量和激情。米開朗基羅選用傳統的聖經故事作為雕刻題材，即以大衛擊斃巨人哥利亞的形象出現，這種勝利形象對於人們更具有代表性和象徵性，體現了人的巨大力量感和無畏精神。再往更深的意義看，大衛像代表著人在面對困難時能夠發揮巨大的力量去克服困難和阻礙。文藝復興時期的英雄品質和特徵都被米開朗基羅在這尊雕像中體現的淋漓盡致：大衛神情堅定、精神集中、力量和激情似乎在一瞬間就能夠迸發出來。整件作品充滿著奮發向上的精神力量，以及與命運搏鬥的激昂狀態，洋溢著文藝復興時期鮮明的人文主義精神。

　　米開朗基羅因受人文主義思想的影響，始終肯定人的價值，他希望人們能像雕塑從石頭中創造出形像那樣，掙脫自己思想和肉體的禁錮，在靈魂上真正獲得自由。米開朗基羅傾盡一切力量和精神去雕刻人的力量，展現人想克服一切困難獲得精神獨立和自由的能量。他意識到只運用古典的雕刻手法和技巧已無法表達自己的內心思想和情感，於是他便把以往的雕刻手法加以改造和創新，使作品能夠真正的體現內心情感。米開朗琪羅的另一件作品《瀕死的奴隸》，奴隸從提起的腿、挺立的腰和上身之間構成了面的轉向，奴隸

〔註47〕如以法國畫家安格爾（1780～1867）為代表的新古典主義，他們到了浪漫主義占主導的時代仍然堅持古希臘的注重外形的審美標準，追求靜默的、莊重的人體表現，不探索人的內心世界，通過人體表現去揭示一種上帝賦予人類的美，面部表情並不是他注重的焦點。

的身體表現出一種強烈的扭曲和掙扎的情緒，情緒之中又有一種往上的力量，代表著人類的反抗意識。米開朗琪羅的《摩西》也將猶太教中這位不斷創造奇蹟的先知表現得非常具有「人氣」，雕塑的衣飾紋理非常複雜，陳舊之中又流露出人物飽經滄桑和激昂的情緒，摩西目視側前方，威儀而智慧，這些都是宗白華所看到和肯定的此時期雕塑較古希臘雕塑的進步之處。

　　文藝復興時代萌芽的這種對人本身關注趨勢〔註 48〕在以後得到持續發展，以至於最後外在形體成為一種窺見和探索人物內部精神思想情感個性的一個媒介，浪漫主義運動也應運而生。

（三）現代雕塑的真實個性之美

　　20 世紀起，西方各個藝術領域出現了現代主義，這是由於潛意識的發現受到了人們的普遍重視，現代主義的一切藝術都受到當時人們觀念的支配，都是藝術家預先有了某種哲學的認同，並在這樣的認同下進行創作的，因此現代藝術實際上就是人們試圖用藝術去表現思想和潛意識的一個過程。

　　現代雕塑大師羅丹之所以被宗白華無比推崇，就在於其雕刻非常大膽直接地表達了蓬勃的生命，表現了無限的個性與精神，表達了真實生命的不同樣式及狀態，羅丹的雕塑在宗白華看來每一條曲線和每個平面都表現出了生命的躍動，所以極受他推崇。宗白華認為羅丹雕塑與希臘雕刻的最主要區別就在於羅丹的雕塑注重表達人類的各種情感，而古希臘雕塑更注重形式的美。即在宗白華看來現代雕塑更多的是感性的表現，而希臘雕塑注重的是理性的傳達，「所以希臘的雕刻可稱為『自然的幾何學』，羅丹的雕刻可稱為『自然的心理學』。」〔註 49〕無論是生病老嫗的哀思，還是歡樂的笑，痛苦的哭，暴躁的欲望，都是羅丹表達的內容。

　　羅丹的雕塑非常著重表現「動」，宗白華以羅丹的模仿自然和生活的雕刻

〔註48〕如文藝復興時代的魯本斯和德拉克羅瓦就是這方面的突出代表，他們在刻畫人物形象時，同時非常注重動作的內涵，被刻畫者精神的狀態。魯本斯筆下的「肉體」就好像一種精神和個性的覺醒，豐腴而充滿活力是魯本斯筆下人物肉體的一大特點，這讓人物顯得那樣樂觀、好勝、熱烈多情，充滿了生命力，使人觀後也受到鼓舞，增強了對人生的信念。一生諸事順利的魯本斯不僅愛情甜蜜，而且身居外交官的高位，可以說正是由於對生活中歡樂健康的一面有充足的感受，其作品可以稱得上是對生命活力的讚歌。

〔註49〕宗白華：《宗白華全集》（一），安徽教育出版社，2016，第 314 頁，《看了羅丹雕刻以後》，原刊登於《少年中國》第 2 卷第 9 期，1921 年 3 月 15 日出版。

為藝術之最美,同時解釋了為何同樣模仿自然的照片不美,就在於照片只模仿了自然的表面,而不能表現大自然中蘊藏的生命和精神,羅丹在創造過程中、模仿自然之時,將自己內在的生命和精神填充進了他們的作品。自然之生命最大的一個特點便是「動」、是無時不刻的「動」。如《道德經》中所說的「有物混成,先天地生。寂兮寥兮,獨立而不改,周行而不殆,可以為天地母。」〔註50〕照片無法表現出自然之「動」,藝術家卻可以。「他(羅丹)的雕刻是從形象裏面發展,表現出精神生命,不講求外表形式的光滑美滿。但他的雕刻中沒有一條曲線、一塊平面而不有所表示生意躍動,神致活潑,如同自然之真。羅丹真可謂使物質而精神化了。」〔註51〕又如羅丹的青銅作品《行走的人》,表現的就是人行走動作的矯健有力,羅丹沒有將人物的頭和雙臂塑造出來,卻可以讓觀者感覺到此行走之人的剛毅。「這是羅丹創造動象的秘密。羅丹認定『動』是宇宙的真相,惟有『動象』可以表示生命,表示精神,表示那自然背後所深藏的不可思議的東西。這是羅丹的世界觀,這是羅丹的藝術觀。」〔註52〕

　　除了表現「動」之外,羅丹的作品還注重表現人類各種情感,真切動人,易於讓人產生無限的共鳴,這一點是宗白華看到的羅丹雕塑與古希臘雕塑的重要區別。如羅丹久負盛名的雕塑《吻》就流淌著不朽的愛欲和激情——擁吻的兩人坦率真摯,感情充沛,原本冰冷的大理石透出了無限的熱度,兩個人似乎愛到了心痛、吻到了窒息的程度。宗白華稱羅丹的這尊雕塑代表了現代人「戀愛」的時代精神,精神的與肉體的戀愛。《吻》這尊雕塑取材於但丁《神曲》裏所描寫的已婚的弗朗切斯卡(Francesca)與保羅(Paolo)這一對情人的愛情悲劇,兩人不顧一切世俗的非議和詆謗,拋棄了塵世的枷鎖,在幽會中熱烈接吻,這是對如烈火燃燒般的愛欲最直接的刻畫之一,在生命之愛面前,其他的一切,都顯得那麼蒼白無力。而實際上,羅丹是想用這件作品來刻畫和記錄自己跟情人克羅岱爾之間強烈的感情,表達那人類最古老又最年輕的情感——愛情。

　　宗白華認為羅丹的雕塑之所以偉大,就在於其不僅表現出人類日常生活中

〔註50〕出自《道德經》第二十五章。

〔註51〕宗白華:《宗白華全集》(第1卷)〔M〕,合肥:安徽教育出版社,2016,第314頁,《看了羅丹雕刻以後》,原刊登說《少年中國》第二卷第9期,1921年3月15日出版。

〔註52〕宗白華:《宗白華全集》(第1卷)〔M〕,第314頁。

喜怒哀樂的普遍精神，還傳達了時代精神，宗白華將羅丹表現其所生活的十九、二十世紀的時代精神總結為勞動、精神的勞動和戀愛三大突出主題〔註53〕。散文《我和詩》中宗白華寫到：「羅丹生動的人生造像是我這時最崇拜的詩」，羅丹自己的人生、他所創作的每尊雕塑後面都有著充盈的故事，背負著整個時代的精神——羅丹所處的時代，就是生命被重新呼喚的時代，羅丹的雕刻還最喜歡表現人類的各種情感，這些情感其實便是生命的最真切的表現。「比較之下，而古希臘雕刻注重形式的美麗，講求表面的美，講求表面的完滿工整，這是理性的表現；而羅丹的雕塑注重內容的表示，講求『精神的活潑躍動』」。〔註54〕又如羅丹的作品《加萊義民》雕刻的是六位可歌可泣、自願代表加萊的市民去犧牲自己生命的英雄，羅丹重點刻畫了英雄們內心痛苦的與煎熬，但為了愛及成全其他人，又甘願作出巨大犧牲的心理狀態。這件作品既表現了六位義民的精神世界，又反映出戰爭時代法國人民的犧牲精神。

　　自羅丹起，雕塑開始不再全是傳統意義上被置於公共場合、具有紀念碑意義的大型雕塑，漸漸開始表達真實生活中的人、人們真實的情感，開始有了反紀念碑化的、反英雄化的特點，光這一點，就讓羅丹的很多雕塑十分具有溫情並且感人。羅丹開始用雕塑表達人，他的雕塑開始從歌頌表達神向現實的人進行過渡，一件件作品表達一個一個人類群體的真實。

　　另外，也是從羅丹開始，雕塑開始表現「丑」〔註55〕和生活的真實，因

〔註53〕宗白華：《宗白華全集》（一），安徽教育出版社，2016，第315頁，《看了羅丹雕刻以後》，原刊登於《少年中國》第2卷第9期，1921年3月15日出版。

〔註54〕宗白華：《宗白華全集》（第4卷）〔M〕，合肥：安徽教育出版社，2008，第430頁，《羅丹在談話和信札中》，作者為海倫·娜絲蒂茲，宗白華翻譯。

〔註55〕法國大文豪雨果在他1827年所寫的《克倫威爾序》中就已經確立了美醜對立的原則：萬物中的一切並非總是合乎人情的美，醜就在美的旁邊，畸形靠近著優美，醜怪藏在崇高的背後，美與惡並行，光明與黑暗相共。醜如果被塑造得生動真切，那就是藝術領域的一種美。1850年，羅森克蘭茨寫《醜的美學》，對醜的問題作了詳盡而且徹底的論述，在波德萊爾和早期瓦格納時代實際上就已經預示了從艾略特到布萊希特的現代非規則美學。醜不再作為美的陪襯物，而是作為獨立的元素進入到美學的王國、藝術的世界。醜和醜的獨立性，即一種不可克服的醜更多的代表一處非理性力量。1857年，波德萊爾《惡之花》，「丑」開始全面到來。把握現代藝術靈魂的藝術家透過「醜的光輝」看到的正是現代人在重新覺醒中產生中、新的生命力的巨大衝擊力。藝術家以醜的意象揭示人類的處境，以帶血的頭顱撞擊理性主義的大門，從而將人異化這一現實撕開。正是在此意義上，藝術成為人性覺醒的向度。

為「丑」同樣是真實生命的一種樣態。羅丹曾說「在藝術中人須有勇氣，醜的也須創造，因為沒有這一勇氣。人們仍然是停留在牆的這一邊。只有少數人越過牆到另一邊去」〔註56〕，「雖然《老娼妓》的雕像裏表現著衰老，卻仍然有永恆美的不朽光輝閃爍在這軀體的潰敗裏」〔註57〕，大膽地表現「丑」，是羅丹雕塑與之前所有雕塑的一個區別性不同，宗白華後來一直倡導用審美的眼光去對待「丑」，鼓勵大家採用一種藝術的人生態度，大概就是源於羅丹的影響。

羅丹是現代雕塑的開啟者，宗白華稱他的作品不僅表現了人類普遍的喜怒哀樂，而注重表達時代的精神，將紛復的時代凝固在雕刻裏，遺傳給後世。羅丹感到了人生的痛苦，創作了《地獄之門》，在門的上端坐著的守門人，就是久負勝名的《思想者》，一位體魄雄健的男子，在集中精力思考著整個人類的出路，他身上的每一塊肌肉都處於高度緊張的狀態，這就好像是羅丹自己的一個寫照。

瑞士的著名雕塑家阿爾貝托·賈柯梅蒂（Alberto Giacometti）是羅丹極好的繼承人，賈柯梅蒂曾經在羅丹的工作室裏直接向他學習。賈柯梅蒂的雕塑作品不美，卻能產生讓人過目不忘的效果——其有著非常高的辨識度，風格迥異。賈柯梅蒂的雕塑給人的第一印象便是形體的瘦長：瘦弱、渺小的人物通體散發著一種與他人隔絕，行色匆匆的孤獨氣質；瘦得皮包骨頭的狗身上似乎負擔著生命難以承受之重。賈柯梅蒂的雕塑作品具有很鮮明的三大表現類型，可將其歸納為：行走的男人、觸不到的女人和垂頭喪氣的狗，比起羅丹敢於在雕塑中表現真實的生活和「丑」，賈柯梅蒂將這種傾向更推進了一步，將雕塑指向了哲學的探索，如賈柯梅蒂的三大雕塑的表現類型指向了幾個比較集中的哲學命題：孤獨、運動（行走）、距離（虛空）、卑微。賈柯梅蒂雕刻出了很多細長如刀鋒的男子形象，有的是獨像，有的是群像，他們基本上都處於一種不停行走的狀態。代表作雕塑《行走的人》約與真人等高，刻畫的就是一位身體微微前傾的行走中的男人的樣子，行走中的男子神色漠然，似乎在趕路，似乎又並無目標地游蕩，他獨自在蒼茫宇宙間踽踽獨行，孤弱無

〔註56〕宗白華：《宗白華全集》（第4卷）〔M〕，合肥：安徽教育出版社，2016，第430頁，《羅丹在談話和信札中》，作者為海倫·娜絲蒂茲，宗白華翻譯。
〔註57〕宗白華：《宗白華全集》（第4卷）〔M〕，合肥：安徽教育出版社，2016，第443頁，《羅丹在談話和信札中》，作者為海倫·娜絲蒂茲，宗白華翻譯。

助；他還像一個夜間獨自行走在深巷中、淹沒在無盡黑暗中的人，似乎懷揣著滿心解化不開的愁怨。他刻畫行走的群雕讓觀者體會到一種「人群中的無限孤獨」——在現代化、都市化體驗中，人們每日都要跟無數人擦肩而過，每日都會跟很多人同時出現在同一場所，物理距離可以達到無限地近：在繁華的街道上，在擁擠的公共交通設施裏，人們摩肩接踵，彼此之間卻沒有任何交流。明明處於一個廣場的空間之上，卻互相之間視而不見，如同隱形。與自印象主義以來的現代主義各大流派一樣，賈柯梅蒂的作品是具有城市氣息的，很多作品表現出群體中個體的孤獨，站在你面前人群是你的牆壁，他人讓你感到的是更切實的孤獨。西美爾說過，現代都市人為了避免各種意外的、颶風般的打擊而生出了一種新的自我保護「器官」，這個「器官」的名字叫「冷漠」。

　　賈柯梅蒂創造的行走的人物雕塑努力試圖表現的不是行走的人，而是表現人的行走能力，或者說是「行走」這種行為本身，這一點可以說是直接對羅丹的繼承。雕塑是靜態的、空間的藝術，刻畫的只是一瞬間，賈柯梅蒂卻試圖讓自己的雕塑作品充滿動感，表現一種時間流中的狀態，即突破空間藝術的限制，化靜為動，這種雕塑中的動感是宗白華讚賞羅丹最集中之處。賈柯梅蒂的《踉蹌前行的人》更是集中表現了一種循環不斷的運動和旋轉舞動的力量。

　　另外，一隻垂頭喪氣、瘦骨嶙峋的狗，也是賈柯梅蒂作品中的一個非常經典的形象，跟賈柯梅蒂其他的形體變異但仍然完整的人物造型相比，這隻狗的軀體都不顯完整，它的軀幹像是被無情地撕扯而碎裂了。它的尾巴下垂著，脖頸垂得更低，耳朵耷拉著，顯得非常疲憊無力，感覺它隨時都會倒下——它再也經受不起任何的一絲打擊與傷害了。這樣的表達跟羅丹的《老娼妓》中表達的內容是相通的——人，所有的人，懷著各自的隱痛，孤獨又頑強地生活著，在這個虛空的世界穿梭，美源於傷痛……每個人都帶特殊的、各自不同的傷痛，或隱或顯，所有人都將它守在心中，當他想離開這個世界感受短暫而深刻的孤獨時，就退隱在這傷痛中。

　　宗白華對雕塑的審美評價十分具有理論的勇氣，他不僅敢於一反黑格爾在《美學》中將古希臘的雕塑視為藝術頂峰的判斷，認為古羅馬的雕塑就由於表達了更多的精神和人的情緒而優於古希臘雕塑，並且認為以羅丹為代表的現代雕塑才是頂峰，因為羅丹的雕塑最多地表現了時代精神、個人生命的

情感和生命之動。表達生命的多寡是宗白華評論藝術的黃金準則，他總是能夠堅持自己的立場，具有相當的理論自信。宗白華的理論自信在其擔任《學燈》編輯時代、討論新詩問題上就很明顯地表現出來了，就是宗白華能夠一反中國反「對以理入詩」〔註58〕的觀念，大力提倡新詩應該「以哲理作骨子」〔註59〕，他主張詩歌中要有哲理性的思考，應該在詩中整合一些存在性的、本體性的思考。宗白華一以貫之的理論自信值得學習。

二、西方文學中彰顯的生命：以歌德與莎士比亞為代表

　　對於生命意義的探究，宗白華認為宗教的態度是寓言式的說教式的，哲學的態度是追問的解釋的，而文學的態度是啟示的與表達的。宗白華認為荷馬史詩為古希臘時期文學的傑出代表，但丁的《神曲》則是中世紀基督教信仰的表達，莎士比亞的戲劇真實地反映了文藝復興時期人們的生活與狀態，而歌德的作品則是近代人生的崇高追求。宗白華尤其追崇反映出了生命強力之樂觀進取精神及人文主義關懷文學作品，回到宗白華所處的時代以及他面對的現實問題，他是希冀借助西方文學中的「生命」來為當時中國注入活力，激發民族的復興與進步。宗白華欣賞荷馬那啟示古希臘理想與信仰的史詩，歌德與莎士比亞是宗白華最推崇的兩位作家，「從前我讀《浮士德》，使我的人生觀一大變；我看莎士比亞，使我的人生觀察變深刻……文學天才總給我們一個『世界』，一個『社會』，一個『人生』」。〔註60〕

（一）歌德《浮士德》：生命進取之美

　　歌德是宗白華一生的偶像，宗白華從未停止過追隨歌德的腳步，宗白華從歌德的生平和創作中找到了「生」的完美人生樣態，宗白華認為歌德賦予他之後全人類的遺產是一個全新的「生命情緒」〔註61〕，這個生命情緒即是

〔註58〕關於是否以理入詩，歷來引起了大家的爭論，主張詩歌應該主情而非說理，認為以理入詩偏離了詩歌本質的人更多，如人們普遍認為宋詩不如唐詩，就是由於宋詩偏向於議論化，說理化。

〔註59〕宗白華：《宗白華全集》（一），安徽教育出版社，2016，150頁，《三葉集》，第226頁。

〔註60〕宗白華：《宗白華全集》（第1卷）〔M〕，合肥：安徽教育出版社，2008，第422頁，《致舜生壽昌書》，原刊登於《少年中國》第4卷第2期，1923年4月出版。

〔註61〕宗白華：《宗白華全集》（第2卷）〔M〕，合肥：安徽教育出版社，2016，第5頁，《歌德之人生啟示》。

對生命本身價值的肯定，一種與基督教彼岸世界相對的在俗世的此岸高揚所有對生命和生活本身的熱愛。

宗白華認為歌德是最富有生命力的人，歌德本身就是生生不息、永無止境的生命的化身。宗白華引用 Wieland 的話說歌德是一個「Menschlichste aller Menschen」〔註62〕，即「人中至人」的意思。宗白華認為歌德無論是靈還是肉都發展到了完滿的地步，「很少有一個心靈如此高度發展的人，他的身體不斷的興奮，精神如此內斂集中」〔註63〕。歌德決不是在故紙堆裏尋生活的 Buecherwurm 書呆子，他「同時又腳踏實地地站在地球上欣賞任何細微的感官的快樂，哪怕是他女友從家鄉寄來的梅子」〔註64〕。

漢學家顧彬甚至認為宗白華是出於對歌德的喜愛，才選擇去德國留學（因為當時法國才是中國留學生的首選），「他與赴德國留學的倡導者王光祈的願望相似，想借助德國文化，特別是德國古典文學，試圖尋找一種生命的超越力量和倫理性激情來促進中國的變革。」〔註65〕

歌德一生變動不居，不斷嘗試新的領域，宗白華在他的《歌德之人生啟示》中熱情地讚美歌德「就人類全體講，他的人格與生活可謂極盡了人類的可能性⋯⋯他表現了西方文明自強不息的精神，又同時具有東方樂天知命寧靜致遠的智慧⋯⋯歌德是世界一扇明窗，我們由他窺見了人生生命永恆幽邃奇麗廣大的天空！」〔註66〕歌德在不同時期有不同的追求與風格（青年歌德、中年歌德和老年歌德）也影響了宗白華，宗白華像歌德那樣在不同時期的不同傾向中都將全部的精神傾注其中。宗白華指出，歌德與其他天才作家不同

〔註62〕宗白華：《宗白華全集》（第 2 卷）〔M〕，合肥：安徽教育出版社，2016，第 2 頁，《歌德之人生啟示》，作者原注：1932 年 3 月為歌德百年忌日所寫，原載於天津《大公報》文學副刊第 220～222 期。

〔註63〕宗白華：《宗白華全集》（第 4 卷）〔M〕，合肥：安徽教育出版社，2016，第 30 頁，《歌德論》，比學斯基著，宗白華譯，原譯文刊登於 1932 年 3 月 28 日《大公報》文學副刊第 221 期。

〔註64〕宗白華：《宗白華全集》（第 4 卷）〔M〕，合肥：安徽教育出版社，2016，第 31 頁，《歌德論》，比學斯基著，宗白華譯，原譯文刊登於 1932 年 3 月 28 日《大公報》文學副刊第 221 期。

〔註65〕〔德〕Wolfgang Kubin（顧彬）：《美與虛——宗白華漫淡》，《美學的雙峰》，1999 年，第 379 頁。

〔註66〕宗白華：《宗白華全集》（第 2 卷）〔M〕，合肥：安徽教育出版社，2016，第 2 頁，《歌德之人生啟示》，作者原注：1932 年 3 月為歌德百年忌日所寫，原載於天津《大公報》文學副刊第 220～222 期。

之處在於歌德不僅靠他的作品來啟示讀者，他自己生命生活的本身就表現了人生廣大精微的真諦。歌德極盡了人性的可能性，是西方文藝復興後時代精神（自強不息、不斷進取）的偉大代表，歌德在宗白華看來就是生命本身的漫溢，他肯定生命本身的價值，他認為「一切真實的，新鮮的，如火如荼的生命，未受理智文明矯揉造作的原版生命，對於他是世界上最可寶貴的東西」〔註67〕。是一種與基督教彼岸世界相對的在俗世的此岸高揚所有生命和生活欲望本身的肯定。「歌德在他每一種生活的新傾向中，無論是文藝政治科學或戀愛，他都是以全副精神整個人格浸沉其中；每一種生活的過程裏都是一個整個的歌德在內」〔註68〕，宗白華對這種全身心投入一切的生活態度、偉大的對生命的肯定崇拜不已，一生努力追隨。

歌德不同人生階段的創作都對生活進行了無限肯定，皆以他鮮豔活潑，如火如荼的生命本體為源泉，如歌德筆下的少年維特，就是反抗一切傳統禮法而熱烈崇拜生命與追求愛情的自然流露，歌德用最美妙的語言和最鮮活的系列文學形象，將嫵媚閃耀的生命本體呈現到讀者眼前。1831年歌德出版了他的詩體悲劇《浮士德》，使他成為了人類文學史上最偉大的作家之一，《浮士德》的劇本從原始本經過1790年的殘篇，發展至第一部的完成時其內容是肯定人生為最高的價值，最高的欲望，但同時也是最大的問題。晚年的歌德，「目光轉向了東方，儘量吸飲東方的生活智慧與熱情，以恢復自己生命的再度青春」〔註69〕。宗白華總結歌德的一生為少年詩人，中年政治家，老年思想家科學家；總結他各個時期的文風轉向是最初的洛可可風格，《少年維特》時期的真情流露派，遊覽完意大利後的古典風格，到老年時書寫《浮士德》（二）之時的象徵派。

宗白華視浮士德為一召喚生命本體不得之後投身生命海洋體驗一切的人，「他肯定這生命的本身，不管他是苦是樂，超越一切利害的計較，是有生活的價值的」，《浮士德》雖是一部詩體悲劇，但並不是為舞臺表演而創作的，而是一個閱讀的文本。浮士德是16世紀德國傳說中的人，浮士德最初的

〔註67〕宗白華，《宗白華全集》（第2卷）〔M〕，合肥：安徽教育出版社，2008，第6頁，《歌德之人生啟示》。

〔註68〕宗白華：《宗白華全集》（第2卷）〔M〕，合肥：安徽教育出版社，2016，第4頁，《歌德之人生啟示》。

〔註69〕宗白華：《宗白華學術文化隨筆》〔M〕，北京：中國鐵道出版社，1996，第269頁，《歌德的死與生》。

原形是一個巫師，擅長占卜、天相、魔術、煉金術，他由於自己的博學而藐視
上帝和眾生，他跟魔鬼訂約，在有生之年，魔鬼供他驅使去實現自己的欲望，
但死後他的靈魂歸魔鬼所有。所有的傳說都是「無主創作」，即無固定的作者，
當一個作品被某一個作者創作出來的時候，作者的思想和經歷就會注入到作
品當中，作者主導了作品的創作，形成現代意義上的「作者主體」。而所有的
傳說都屬於「無主創作」，一個傳說要滋生出來並被所有人接受才能成為「傳
說」，傳說含括了人們的普遍欲望，人們的集體無意識是支撐著傳說發展的背
後的力量。浮士德的傳說暴露了西歐文化近代的什麼問題？早期的浮士德身
上透露出知識的力量，但博學並不能給他帶來幸福，反而讓他感到「博學的
無知」，這透露出西歐人失去神話本源和理性抽象的焦慮，即尼采所指出的蘇
格拉底式的極端求知欲的局限暴露出來；浮士德在民間傳說中是一個訓誡故
事，意在告訴人們要戒除欲望，養成虔誠之心，否則魔鬼就會趁虛而入。但
是歌德卻把浮士德塑造成為了一個有大欲望、大追求的人，一個代表著西方
現代永不止步精神的完滿的人。

　　浮士德是一個有大欲望、大追求的人，終其一生，他都在追求生命所有
可能性的實現，浮士德最突出的形象就是追求各種欲望的滿足——知識欲、
情慾、權欲、美欲、征服欲的滿足，而且他的追求是無極限的，最終對宇宙萬
物失去敬畏之心，導致了毀滅。浮士德的生活悲劇，源於他的恒變，源於他
的欲望永遠得不到滿足，因此浮士德對一切都負心，同浮士德一樣，歌德的
一生也充滿著各種矛盾，宗白華分析出了其所遭遇的一切矛盾的根源在於生
命的流動不居與穩定諧和的形式之間的衝突，「生命是要發揚，前進，但也要
收縮，循軌。一部生命的歷史就是生活形式的創造與破壞」〔註70〕。「欲」與
「美」的關係始終相互糾纏，王國維在將美學引入中國之時，於1904年發表
《孔子之美育主義》便以叔本華的思想為基礎，試圖討論「欲」與「美」的關
係。

　　　　浮士德人格的中心是無盡的生活欲與無盡的知識欲。他欲呼召
　　生命的本體，所以先用符咒呼召宇宙與行為的神。神出現後，被神

〔註70〕宗白華：《宗白華全集》（第2卷）〔M〕，合肥：安徽教育出版社，2016，第
　　9頁，《歌德之人生啟示》，作者原注：1932年3月為歌德百年忌日所寫。原
　　載天津《大公報》文學副刊第220至第222期，1932年3月21日、28日、
　　4月4日出版。

呵斥其狂妄，他認識了個體生命在宇宙大生命面前的渺小。於是，
乃欲投身生命的海洋中，體驗人生的一切。他肯定這生命的本身，
不管他是苦是樂，超越一切利害的計較，是有生活的價值的，是應
當在他的中間努力尋得意義的。這是歌德的悲壯的人生觀，也是他
《浮士德》詩中的中心思想。……《浮士德》的內容是肯定**人生為
最高的價值，最高的欲望，同時也是最大的問題。**

——《歌德之人生啟示》〔註71〕

　　宗白華通過肯定浮士德，而肯定了人最高的欲望，生命其實是對欲望的
欲望，欲望是一次性的，而生命追求的是一種欲望的持存。一部人類歷史，
就是「欲」與「理性」相互糾纏、對抗制衡、此消彼長的歷史。古今中外的很
多源頭上的哲學著作都將「欲」置於一個非常關鍵、決定性的位置。如老子
《道德經》第一章就提到了「欲」：「故恒無欲也，以觀其眇；恒有欲也，以
觀其徼。」〔註72〕印度最早的經典《梨俱吠陀》〔註73〕的「創世書」將「欲
kama」作為一種整個世界存在、發展的基礎。古希臘哲學家巴門尼德（約公
元前世紀）就將「情慾」作為現存萬物的原因。皮格馬利翁國王能那樣去雕
刻一位完美的女神，便是因為那樣完美的女性雕像是他本人最深欲望的投射；
美的雕塑不僅是形式與內容的完美和諧統一，同時寄寓著人們內心深處對生
命最直接的熱愛，透露著古希臘對健康鮮活肉體的無限迷戀。人們能那樣去
欣賞、讚美、膜拜古希臘雕塑，就是因為那樣的身體代表的是一種人人追求
的理想，那是擁有最健康適度的生活才會有的身體和容貌，那也是能夠繁衍
最美最健康下一代的身體。

　　柏拉圖《理想國》表達的一個基本觀點就是當理性、激情和欲望這三部

〔註71〕 宗白華：《宗白華全集》（第 2 卷）〔M〕，合肥：安徽教育出版社，2016，第
　　　　 6 頁，《歌德之人生啟示》，作者原注：1932 年 3 月為歌德百年忌日所寫，原
　　　　 載於天津《大公報》文學副刊第 220～222 期。
〔註72〕 老子：《道德經》，第一章。
〔註73〕 《梨俱吠陀》是印度雅利安人早期部落的詩歌集，成書於 BC1500-BC900，
　　　　 是印度文化的原典，地位相當於中國文化中的《道德經》、西方文化的《聖經》，
　　　　 早期印度人的創世觀、宇宙天地觀等，都藏於這部經典中。《梨俱吠陀》是根
　　　　 據其梵語 Rig Veda 的發音翻譯過來，Rig Veda 的意思為「最初的書 The first
　　　　 book」，在印度，《梨俱吠陀》具有至高無尚的地位，只有最高種姓的婆羅門
　　　　 才有資格誦讀和解釋這部經典。

分在一個人中互相友好和諧，並且由理性起領導作用、激情和欲望一致同意由它領導而不反叛時，這樣的人就是一個理想之人；當有理性的人實現了對欲望和憤怒等人的統治，一個城邦就達到了「理想國」的最佳狀態。柏拉圖要將詩人從理想國中逐出就是因為詩人的文藝作品太能牽扯人們的欲望而讓人喪失理智。亞里士多德通過是否激發欲望將日常事物與藝術品區別開來。他認為日常事物和藝術都是感官的對象，但普通的日常事物能夠刺激起人們的欲望而藝術則不會，藝術需要人排除欲望、超脫利害關係去靜觀領略。

　　自從弗洛伊德於 20 世紀初提出「力比多」的概念以來，20 世紀成為了「欲望的世紀」。最初，弗洛伊德主要將他論述的欲望侷限於「性慾」的層面，他認為性慾的愛給予人最大的滿足，但作為用道德將自己束縛的文明人，性慾受到了極大損害，不斷萎縮。弗洛伊德晚期將他對欲望研究的重心轉移到了社會文化領域，在他 1929 年發表的《文明及其不滿》〔註74〕當中，他指出文明就是一種對本能的節制、預算、加倍的應用，即文明是本能的經濟學。在這部弗洛伊德晚期的著作中，弗洛伊德豐富了他的「本能」的意義，他指出人主要有兩種本能：「自我保存的本能（食欲和愛欲）與死亡的本能（向外部的進攻性本能和指向內部的自我破壞）」〔註75〕。弗洛伊德在此書中聲稱，越高度的「文明」，其實越意味著高層度的自我壓抑、自我閹割，因此提倡欲望的解放（尤其是性慾解放）。自 20 世紀中期起，各種解放欲望的社會運動開始興起，它們伴隨著一系列相關的社會改革在世界各地此消彼長，如德勒茲和加塔裏於 1972 年出版的《反俄狄浦斯》進一步倡導欲望的解放與自由流動。對於文明社會中普遍受到壓抑的欲望，弗洛伊德指出了藝術的替代性滿足（substitutive satisfactions）作用，藝術是一種對原欲的昇華〔註76〕，這一點跟宗白華無比崇尚藝術是有著某種相通之處的。

　　浮士德將死前，說出生活的意義是「永遠的前進」，人生是個不能一刻停歇的重負，是一個不能駐足的前奔，這原本可咒的人生，在歌德的創作中，忽然得到了價值的重估，人生可咒的恒變，一躍成為人生最高貴的意義

〔註74〕〔奧地利〕弗洛伊德：《文明及其不滿》，嚴志軍、張沫譯，河北教育出版社，2003。

〔註75〕〔奧地利〕弗洛伊德：《文明及其不滿》，嚴志軍、張沫譯，河北教育出版社，2003，第 12 頁。

〔註76〕〔奧地利〕弗洛伊德：《作家與白日夢》。

與價值。宗白華高度讚美歌德:「他一切詩歌的源泉,就是他那鮮豔活潑,如火如荼的生命本體,而他詩歌的效用與目的,卻是他那流動追求的生命中所產生的矛盾苦痛之解脫。」〔註77〕歌德對這個民間傳說中的人物進行了提煉昇華,把他塑造成一個具有深邃的哲理意蘊,豐富的人生內涵,深刻反應了近代西方人精神發展歷程的一個人物形象,創造了人類文學史上的一個奇蹟,人生之所以得救,浮士德之所以得以昇天,正賴於永恆的努力與追求。

現代人即是浮士德式的人,現代的人尋求不斷的發展,他們在這個過程中不惜使用魔鬼的力量(「魔鬼的力量」指代的是借用身體裏不道德的因素)。在現當代社會,我們越來越清楚地看到,人類為滿足自身的欲望無節制地向大自然索取,由此帶來的惡果是非常嚴重的,因此浮士德給我們帶來的啟示也應該是雙重的──要奮進,也要有節制。

通過對歌德的《浮士德》的闡釋,宗白華表示出對生命欲望的極大肯定和重視,大的欲望以及由欲望驅動的大的追求往往昭示著更強大的生命活力。自程朱理學以來,中國社會更傾向對人們欲望的壓抑,朱熹倡導「存天理,滅人慾」,統治階級也希望百姓們能夠安分守己,恪守本分。宗白華卻能夠在這樣一種社會環境中鼓勵人們正視自己的欲望,鼓勵人們像歌德那樣重視自己欲望中積極的進取的成分,勇敢體驗人生的種種、追求光明的未來,過一種如浮士德那樣從不停止奮鬥和進步的人生。

(二)莎士比亞:生命豐富之美

宗白華專論莎士比亞的文章並不多,集中寫作的《莎士比亞的藝術》(1937)、《我所愛於莎士比亞的》(1938)二文,《關於奧德羅的演出》(1938)、《莎士比亞的商籟》及《商籟》(1939)三則編輯後語等,這些文章主要集中發表於抗日戰爭時期。宗白華這時對莎士比亞的集中論述是為了用莎士比亞的戲劇中強烈的生命情緒來喚醒民眾的抗戰意識,用莎士比亞對「人」的價值的重新發現,來影響中國社會,如在《莎士比亞的藝術》一文中,宗白華熱情洋溢地寫到:「莎士比亞生於 1564 年至 1616 年文藝復興的最盛時代⋯⋯古希臘的文學藝術重新被人發現的時代,實際上是『人』

〔註77〕宗白華:《宗白華全集》(第 2 卷)〔M〕,合肥:安徽教育出版社,2016,第6 頁,《歌德之人生啟示》,作者原注:1932 年 3 月為歌德百年忌日所寫,原載於天津《大公報》文學副刊第 220～222 期。

的重新發現，『人生的意義與價值』重新被發現。人體的油畫與雕刻發達到極高峰，而描寫人性的內心生活，以人生的衝突鬥爭做題材的戲劇藝術，也就異常發達。」〔註78〕

　　除了以上幾篇集中撰寫的專門論述莎士比亞的長文，宗白華對莎士比亞及其戲劇的評論散見於他的各類文章中。同評論歌德及羅丹一樣，莎士比亞也是貫穿宗白華的生命的另一條主線，這是因為冷靜得像上帝的莎士比亞對人類的精神生命和普遍人性作了辯證、全面、深入、客觀的描寫，就如在《我所愛於莎士比亞的》〔註79〕一文中，宗白華援引英國詩人柯爾律治稱羨莎氏是「千心的人」。宗白華還贊同叔本華的觀點，認為莎士比亞是極端客觀性之天才的代表，即莎士比亞的世界是「聖潔的白蓮和淫穢的泥沼織成人生的詩與真理」〔註80〕，他絲毫不加粉飾地去表現全部真實生活中的光明與黑暗。

　　莎士比亞能夠以自己無窮的智慧照見宇宙間的複雜關係，又能以深切的同情去理解人生內部的矛盾，正由於莎士比亞深厚的同情心，哪怕是他筆下很多不可救藥的自私、愚蠢的負面角色，莎士比亞也會愛護，使他們帶上某些可愛的特點。這啟示著宗白華去更深刻地觀察人生，懷著悲憫與理解同情世界。悲劇從煊赫偉大中凝聚淨化的力量，莎士比亞的戲劇則是在平凡渺小中發掘寶藏，具有一種「黃金〔註81〕的幽默」——莎士比亞的智慧和深廣的同情灑落在沉痛動人的生命悲劇上，他以一種包容一切的超越態度，使最黯

〔註78〕宗白華：《宗白華全集》（第2卷）〔M〕，合肥：安徽教育出版社，2016，第156頁，《莎士比亞的藝術》，原為宗白華1937年的演講稿。

〔註79〕宗白華：《宗白華全集》（第2卷）〔M〕，合肥：安徽教育出版社，2016，第176頁，《我所愛於莎士比亞的》，原刊說《時事新報・學燈》，1938年6月26日。

〔註80〕宗白華：《宗白華全集》（第2卷）〔M〕，合肥：安徽教育出版社，2016，第179頁，《文學應該表現生活全部的真實》編輯後語，原為徐中玉《文學應該表現生活全部的真實》的編者按語，刊於《時事新報學燈》（渝版）第5期，1938年7月3日。

〔註81〕莎士比亞也特別喜歡在自己的戲劇中談論黃金及錢財，因為這是人們世俗生活永遠繞不開的一個議題，如《威尼斯商人》就源於借貸，莎士比亞的最後一部悲劇《雅典的泰門》也有關於黃金的經典論述：「金子，黃黃的、發光的、寶貴的金子！……這東西，只這一點點，就可使黑的變成白的，醜的變成美的，錯的變成對的，卑賤變成尊貴，老人變成少年，懦夫變成勇士。」、「黃金真是一尊了不得的神明，即使他住在比豬窩還卑污的廟宇裏，也會受人膜拜」……錢也是馬克思一生的研究議題，馬克思曾經多次引用馬克思指出莎士比亞對金錢的理解，稱他從莎士比亞的著作中得到無限啟示，讚譽莎士比亞絕妙地道出了貨幣的本質，對金錢的理解比現代的德國哲學家都要深刻。

淡的生活也像是籠罩上了一層柔和的金光。

宗白華在《新文學的源泉》〔註82〕一文中談到文人詩家應該有「真實、豐富、深透」精神生活，而莎翁在宗白華看來，正是這種頗不多見的文人詩家的典範。論「真實」，莎士比亞的戲劇素材源於市民生活的直接體驗，不是辭藻的堆砌，更不是憑空虛構的無病呻吟，因此他塑造的人物形象一個個那樣栩栩如生，人物性格複雜多變，貼合真正的人性和現實的生活〔註83〕。論「豐富」，莎士比亞有著多方面感覺情緒與觀察，他的胸中歷經過普遍人類所具有的各種感覺和思想，在宗白華看來，「他的精神生活的內容，擴充至極，能代表全人類的精神生活」，其作品「幾乎將人性中普遍所有狀態，都表寫盡致」，莎士比亞是「世界的詩人，人類底歌者」。論「深透」，莎士比亞好似人類的各種感覺、思想皆有實在經歷和感受，對於各種自然現象也亦有直接體驗，並且「經歷的強度比普遍人格外深濃透徹些。他感覺到人類最高的痛苦與最濃的歡樂」〔註84〕。由於以上三個方面的原因，莎士比亞的作品具有真實底精神與生命的活氣，因而能動人肺腑。顯然，此種精神生活特質正是莎士比亞表寫人類的精神生命和時代精神的源泉，也是宗白華無比推崇他的原因。

在《關於〈奧德羅〉的演出》中宗白華提到，在抗日戰爭期間，國立戲劇學校編排了很多鼓勵抗戰的戲劇在全國各地上演，這對「喚醒民眾抗戰意識，產生了很大的力量」〔註85〕，而莎士比亞的戲劇是具有「超時代永久價值，表現永久人性的」〔註86〕，宗白華寫到《奧賽羅》的演出之收入將用於慰勞前方

〔註82〕宗白華：《宗白華全集》（第1卷）〔M〕，合肥：安徽教育出版社，2016，第171頁，《新文學的源泉》，原刊登於1920年2月23日《時事新報・學燈》。
〔註83〕關於莎士比亞對真實生活的表現及人物的塑造，馬克思和恩格斯也倍加讚賞，他們在給一位叫斐南迪・拉薩爾的戲劇家的信中，就他創作的歷史悲劇《弗蘭茨・馮・濟金根》做出評論，批判其不從真實的生活和歷史出發，而從主觀的觀念出發因而具有了唯心主義的「席勒式」，指出文藝創作應該「莎士比亞化」，對莎士比亞的尊崇與熱愛而形成的「莎士比亞化」成為了馬克思主義美學的主要議題。
〔註84〕宗白華：《宗白華全集》（第1卷）〔M〕，合肥：安徽教育出版社，2016，第171頁，《新文學的源泉》，原刊登於1920年2月23日《時事新報・學燈》。
〔註85〕宗白華：《宗白華全集》（第2卷）〔M〕，合肥：安徽教育出版社，2016，第175頁。
〔註86〕宗白華：《宗白華全集》（第2卷）〔M〕，合肥：安徽教育出版社，2016，第175頁。

將士，他希冀「我們在遍體傷痍之中不要喪失的精神的倔強和努力」〔註87〕。

（三）悲劇精神：生命超越之美

關於生命的意義與真相，詩人是表現與啟示的，「荷馬的長歌啟示了希臘藝術文明幻美的人生與理想」〔註88〕，宗白華從古希臘悲劇中看到了對個體有限生命的超越力量。悲劇得以創作本來就是悲劇作家對平凡生活秩序的一種超越，他們打破庸常的束縛，探尋宇宙的神秘與生命的奇蹟。宗白華認為真正的人生悲劇源於人追求不止，「生命是要發揚，前進，但也要收縮，循軌。一部生命的歷史就是生活形式的創造與破壞……悲劇的源泉就是這追求不已的自心……」〔註89〕，當人們的追求暫時超出了眼前的生命形式之時，便會出現破壞的甚至毀滅的力量，人們所謂的悲劇就出現了。另外，人們總是被生命的洪流裹挾著，個體的力量是無法跟整個生命的洪流對抗的，於是當人想完全掌控自己的生命時就會感覺到被動和無力，「人生飄墮在滾滾流轉的生命海中，大辦推移，欲罷不能，欲留不許。這是一個何等的重負，何等的悲哀煩惱。」〔註90〕

> 悲劇中的主角，往往寧願毀滅生命，以求「真」，求「美」，求「愛」，求「權力」，求「神聖」，求「自由」，求人類的上升，求最高的善。在悲劇中，人們願犧牲生命，血肉，及幸福，以證明他們的實在。在悲劇的犧牲中，人類自身的價值升高了，在悲壯的毀滅中，人生的意義顯露了。

> ——《悲劇的與幽默的人生態度》〔註91〕

〔註87〕在莎士比亞的那麼多的戲劇中，為何要選擇悲劇《奧賽羅》進行上演？其主角奧賽羅乃是驍勇善戰的將軍，這契合了戰爭題材，但其所有的悲劇又為自己狡詐的部下挑撥而成，這樣的劇在抗戰時候上演是否會產生不利的影響？

〔註88〕宗白華：《宗白華全集》（第2卷）〔M〕，合肥：安徽教育出版社，2016，第66頁，《悲劇的與幽默的人生態度》，原載於南京《中國文學》創刊號，1934年1月。

〔註89〕宗白華：《宗白華全集》（第2卷）〔M〕，合肥：安徽教育出版社，2008，第9頁，《歌德之人生啟示》。

〔註90〕宗白華：《宗白華全集》（第2卷）〔M〕，合肥：安徽教育出版社，2008，第10頁，《歌德之人生啟示》。

〔註91〕宗白華：《宗白華全集》（第2卷）〔M〕，合肥：安徽教育出版社，2016，第66頁，《悲劇的與幽默的人生態度》，原載於南京《中國文學》創刊號，1934年1月。

　　宗白華給出了自己獨特的關於悲劇和生命的闡釋，其結合了叔本華和尼采關於悲劇起源的不同分析：叔本華認為悲劇的根源是人類無限對意志的追求與滿足意志的有限性之間存在著的永恆矛盾；而尼采提出悲劇精神基於的是生命的旺盛以及旺盛生命在生成中的痛苦；宗白華綜合了兩方面的意見，認為悲劇產生的根源是人的追求不已的自心，恆變無常的情緒，是不斷進取的生命與相對穩定的生命形式之間的矛盾——人的一生彷彿漂流在奔騰不息的生命洪流中，欲罷不能，欲留亦不許，人們恆變的心、不止的追求是悲劇的根源。但宗白華提出「在人生裏面便會遇到不可解救的矛盾，理想與事實的永久衝突，然而愈矛盾則體會愈深，生命的境界愈豐滿濃鬱，在生活悲壯的衝突裏顯露人生與世界的深度」〔註92〕。

　　宗白華跟亞里士多德一樣，肯定了悲劇這種將人類根本衝突展示給人看的文學類型有著積極的意義，即悲劇使人們從平凡安逸的生活形式中重新識察到生活內部的深重矛盾，並且藉此宗白華將亞里士多德的「卡塔西施」〔註93〕的淨化觀更向前推進了一步，即面對人生這必須的、不可決絕的衝突矛盾時，人們不應該消極應對，而應該不懈地奮鬥，努力去超越個人生命價值的掙扎，哪怕毀滅了肉體的生命，這種殉道，將實現一種生命的超越。一件古希臘的雙耳瓶刻畫〔註94〕了阿基琉斯刺殺女兒國（Amazons）女王 Penthesileia 的瞬間，這個畫面讓所有人都百感交集，因為在阿基琉斯將刺刀插入女王胸口的那一瞬間，他已經愛上了女王，可惜卻為時已晚！至痛矣！大美哉！妙極也！無怪乎詩人約翰·濟慈（John Jeats）在大英博物看過古希臘的展覽後會寫出《希臘古甕頌》這樣的詩篇，因為這些器物本身承載了無限的認識與美！

　　宗白華認為古希臘悲劇中的英雄代表著生命的最強力，他們「是個發達在最強盛時期的、輪廓清楚的人格……他是一切都瞭解（深諳自己的命運），一切都不怕，他已經奮鬥過許多死的危險。現在他是態度安詳不矜不懼地應

〔註92〕宗白華：《宗白華全集》（第 2 卷）〔M〕，合肥：安徽教育出版社，2016，第66頁，《悲劇的與幽默的人生態度》，原載於南京《中國文學》創刊號，1934年1月。

〔註93〕〔古希臘〕亞里士多德：《詩學》，陳中梅譯〔M〕，北京：商務印書館，1996年。

〔註94〕見於大英博物館希臘廳。

付一切」〔註95〕。荷馬史詩《伊利亞特》中驍勇善戰的王子赫克托就是這樣生命強力的最佳代表，他知道自己將戰死沙場，在自己人生的最後一仗之前跟妻子話別時說：「像個懦夫似地躲避戰鬥，我的心靈亦不會同意。我知道壯士的作為就是跟特洛伊前排的戰友一起拼搏，替自己，也為自己的父親爭得巨大的榮譽。」〔註96〕赫克托這樣的視死如歸的態度在宗白華看來是一種和諧秩序裏極度的緊張，其中蘊含著無窮的力量，這是古典之美的典範。

宗白華認為悲劇體現的是酒神醉的境界，是一種代表生命充實的藝術，「醉的境界是無比的豪情，這豪情使我們體驗到生命裏最深的矛盾、廣大的複雜的糾紛；『悲劇』是這壯闊而深邃的生活的具體表現」〔註97〕，他關於悲劇的討論主要基於歌德的人生以及他的創作，《浮士德》就是一部詩體悲劇，而浮士德悲劇式人生的源頭就在於其永遠不停息的追求與奮鬥，浮士德為了超越個人生命的侷限而奮力掙扎，甚至不惜以自己個體的生命為殉葬，宗白華「覺得是痛快，覺得是超脫解放」〔註98〕，悲劇文學鼓勵人們從庸常的生活中超脫出來，重新審視生活內部不可調和的衝突，而認識到人們永恆不居流動的生命是如何試圖超越侷限。

另外，宗白華提倡悲劇文學的力量跟他崇拜歌德、提倡積極奮鬥的生活出於的是一樣的原因，都是為了在庸常的生活中不斷尋求生命的意義，獲得生命的價值，宗白華提過：「一幕悲劇能引著我們走進強烈矛盾的情緒裏，使我們在幻境的同情中深深體驗日常生活所不易經歷的情境，而劇中英雄因殉情而寧願趨於毀滅，使我們從情感的通俗化中感到超脫解放，重嘗人生深刻的意味」〔註99〕，這不僅是宗白華個人的追求，也是當時中國社會需要的一種力量，因此得到了宗白華的倡導。

〔註95〕宗白華：《宗白華全集》（第 2 卷）〔M〕，合肥：安徽教育出版社，2008，第 58 頁，《哲學與藝術——希臘大哲學家的藝術理論》之（四）中庸與淨化，原載《新中華》創刊號，1933 年 1 月。

〔註96〕〔古希臘〕荷馬：《伊利亞特》，人民文學出版社，2015 年，第七章。

〔註97〕宗白華：《宗白華全集》（二），安徽教育出版社，2016，第 348 頁，《論文藝的空靈與充實》。

〔註98〕宗白華：《宗白華全集》（第 2 卷）〔M〕，合肥：安徽教育出版社，2016，第 67 頁，《悲劇的與幽默的人生態度》，原載於南京《中國文學》創刊號，1934 年 1 月。

〔註99〕宗白華：《宗白華全集》（第 2 卷）〔M〕，合肥：安徽教育出版社，2008，第 59 頁，《哲學與藝術——希臘大哲學家的藝術理論》之（四）中庸與淨化，原載《新中華》創刊號，1933 年 1 月。

三、西方繪畫的光明與色彩

宗白華稱「西洋藝術家永遠追求著光、熱和生命」〔註100〕，光和色彩是西洋繪畫所表現的重點，這是與中國畫比較之後西方繪畫的突出特點。宗白華對於西方繪畫的相關理論多見於與中國繪畫的比較研究中。宗白華讚美西方現代主義畫家們「企求自由天真的心靈去把握自然生命的核心層」〔註101〕，他舉出德國畫家馬爾克（F. Marc）《藍馬》與敦煌壁畫中極有魔性的動物一樣，「從一些奇禽異獸的潑辣的表現裏透進了世界生命的原始境界」〔註102〕，又讚美亨利‧盧梭（Henri Rousseau）畫境中所展現的兒童般稚拙的兒童心靈。另外，宗白華稱馬蒂斯（Matisse）為代表的野獸派畫家可以在敦煌壁畫中「找到他們的偉大先驅……原始的感覺和內心的迸發，渾樸而天真」〔註103〕，因為馬蒂斯的畫作要麼有強烈的造型感，要麼就以線條為主，其粗獷的線紋，豔麗的色彩，充滿生氣的感覺和鮮明的色彩跟敦煌壁畫有很多相似之處，會給人一種接通了古人原始生命力的感覺，現代主義畫家們努力回到原始的生命境界，努力追尋失去的天國。中西方畫家都注重表現生命，但具體的方式顯得非常不同，在宗白華看來這樣的區別基於人們不同的宇宙觀以及具體作畫的工具和技術的不同。

色彩是西方繪畫的主體，宗白華稱色彩豔麗的西洋畫代表著的是一種青春精神，釋放著生命的光和熱。西洋畫用不同的色調表現人物不同的個性、心情及場景的氛圍。不同的畫家具有屬於自己「風格化」的色調，如梵高特別的深藍、淺黃和黃青；畢加索由於其不同階段的遭遇心情不同而形成的風格化的「藍色時期」、「玫瑰色時期」……色彩是西方畫家用來表達情緒的直接手段，暖色系冷色系也叫人一眼能感覺到創作者的傳遞出來的情緒。為什麼色彩會跟人的情緒、跟生命的狀態有直接的關係？這大概源於孕育生命的

〔註100〕宗白華：《意境》，商務印書館，2011，第 173 頁，《題張蒨英畫冊》。

〔註101〕宗白華：《宗白華全集》（第 2 卷）〔M〕，合肥：安徽教育出版社，2016，第 418 頁，《略談敦煌藝術的意義與價值》，原刊登於上海《觀察》週刊，第 5 卷第 4 期，1948 年。

〔註102〕宗白華：《宗白華全集》（第 2 卷）〔M〕，合肥：安徽教育出版社，2016，第 418 頁，《略談敦煌藝術的意義與價值》，原刊登於上海《觀察》週刊，第 5 卷第 4 期，1948 年。

〔註103〕宗白華：《宗白華全集》（第 2 卷）〔M〕，合肥：安徽教育出版社，2016，第 418 頁，《略談敦煌藝術的意義與價值》，原刊登於上海《觀察》週刊，第 5 卷第 4 期，1948 年。

載體大自然就是色彩斑斕的，色彩就是來源於不同的自然物中。如紅色是太陽的顏色，是火的顏色，是熔岩的顏色，是血液的顏色，象徵著生命的能量、激情和暴力；藍色是天空與大海的顏色，自然讓人想起天空的高遠無邊，海洋的遼闊深邃，因此自然跟崇高、壯美、高貴、憂傷等感覺相聯；綠色是嫩芽的顏色，是充滿生機的樹葉的顏色，容易讓人想起春天的生機勃勃，和無限的對未來的憧憬和希望；黃色是土地的顏色，是秋天果實的顏色，是枯枝敗葉的顏色，因此讓人感覺厚重、沉穩和衰敗。

宗白華指出西方繪畫如同西方雕塑那樣具有「團塊」的空間之美，宗白華將此歸結為西方繪畫脫胎於希臘雕刻，因為雕刻就是借助光線的明暗、形體之凹凸而造成一種立體的空間感。西方繪畫也因為受到雕刻和建築的影響，著重使用透視法、解剖學和光影原理來營造一種似乎可以走進的三維立體空間，宗白華言「西洋自埃及、希臘以來的傳統的畫風，是在一幅幻現立體空間的畫境中描出圓雕式的物體」〔註104〕。

西方的藝術建立在對光的認知、捕捉和呈現之上，如宗白華在《形與影》〔註105〕中言羅丹創作的特點正是重視光影對於塑形的意義，他常常到哥特式的教堂中去觀察複雜交錯的光影變化，並將相關的啟示用到他的雕塑裏。因此西方繪畫也特別重視光影，如荷蘭〔註106〕畫家倫勃朗的例子，倫勃朗巧妙地運用光和影，使得他畫中的人物形象如同從光影中凸現出來的一尊尊雕像。相對於這個觀點，中國的藝術更像一種對水的把握，水的流動不息，水的線

〔註104〕宗白華：《宗白華全集》（第2卷）〔M〕，合肥：安徽教育出版社，2016，第100頁，《論中西畫法的淵源》，原載中央大學《文藝叢刊》第1卷，第2期，1934年10月出版。

〔註105〕宗白華：《宗白華全集》（第3卷）〔M〕，合肥：安徽教育出版社，2016，第445頁，《形與影——羅丹作品學習簡記》，約寫於1962年。

〔註106〕17世紀荷蘭共和國的建立在西方開啟了一個全新的世界，荷蘭第一次用商業資本和市場擊碎了舊世界的觀念和格局，市民社會崛起，港口城市興盛，港口不僅是所有貨物的集散吞吐之地，也是自由甚至異端思想的資生、交流和碰撞的場所，因此這一時期基於市民社會創作的社會風俗畫興盛。這時期的荷蘭風俗畫代表著藝術顯現現實的功能，很大程度上承擔了此時期的社會生活記錄者，圖像照進最現實的生活，這是圖像成為了史料的典型，藝術在此時期承擔起了某種媒體的功能，人們通過藝術來表達自己對物、對世界的理解和體會，藝術家通過對自己身邊最為切實的人情事物的揭示而顯示深刻。人們對真實的物進行藝術的體現，物作為對象的、具有質感的物，它讓我們能夠直接感受並認識到身體和欲望，體會到真實的世界與生活，這一時期宗教和皇權對人們的束縛進一步減小，現世社會進一步受到了肯定。

條式的美感，水的晶瑩剔透，水的無色無味而雋永無窮。中西方這兩種藝術「光」與「水」的品質特徵可以追溯到各自文化的源頭之上，如西方文化源頭之上的《聖經·舊約》中「神說，要有光，就有了光。And God said, "Let there be light, and there was light."」、「神看光是好的，就把光暗分開了。God saw that the light was good, and he separated the light from the darkness.」黑格爾把上帝創造光的這一剎那視為崇高的典範。而在中國文化源頭上的《道德經》中，關於「水」的記載不計其數——「上善若水」、「天下莫柔弱於水，而攻堅強者莫之能勝」、「水至柔而至剛，水善利萬物而不爭」，「光」的觀念在西方文化中歷來是深刻的，直觀來說，在充滿光亮的地方，人的心情自然會疏朗，「光」跟太陽、跟真理（見柏拉圖《理想國》第七卷中的「洞喻」）、跟「啟蒙enlightenment」都有著深刻的關係。

當下非常有名的光影藝術家 James Turrell 用「光」作自己的藝術品，用光直接在不同的空間中做出切割，給人創造出了無數宛如神跡的作品。面對全世界對他作品的追崇拜，他給出了一個非常簡單的解釋：「人們對光的需要是本能的，日光中的維生素 D 不僅供給你的身體，也能夠抵抗抑鬱。說到底，究竟誰不喜歡光呢。」〔註107〕1970 年代，Turrell 在美國亞利桑那州北部的沙漠中發現了羅登火山口並買下來，在那裡建造了一個火山口觀星臺 Roden Crater，挖出 854 英尺長的隧道，建造圓形的洞穴般空間，將這座死火山口改造為了裸眼天文臺，讓人在火山口內也可以肉眼觀測天空。我們的祖先曾經把仰望星空當成是一種非凡的、重要的生命體驗，很多古代的文化甚至將發光的天體作為崇拜的對象、把人們的命運跟天體的運轉聯繫起來。

相對於中國畫的「三遠法」，西洋繪畫採取「透視」的技法，宗白華認為這取決於中畫、西畫觀照宇宙的立場不同〔註108〕——中國畫在創作時，沒有設一具體的觀者，更沒將視點從某一固定的點投射出來，因為其表現的對象與其說是外界更是自己的內心境界；而西畫在創作時，是先預設了觀點的立

〔註107〕《James Turrell——藝術大師與光的魔法》，文藏藝術，2017 年。

〔註108〕有觀點認為中國繪畫始終沒有「透視法」，這在宗白華看來是荒謬的，他指出中國在六朝時，中國就已經受到外來印度的影響而知道了暈染法，如張僧繇就開始用透視法畫花，其凹凸有致，有如真花，但中國人是主動選擇不採用這種方法，因為中國人不願意接受通過一個有限的光泉去看所有的光線和陰影，而要突然一種宇宙的大全生命；後又有觀點將中國畫歸為「散點透視」，即採用一種流動的視點，這跟中國山水畫的卷軸形式有關。

點和光線的進入點的，區分出遠近，表現出陰影，畫家們拿出了精確的科學態度力圖做到狀物如真。宗白華稱這是因為「西洋自埃及、希臘以來的傳統畫風，是在一幅幻現立體空間的畫境中描出圓雕式的物體。特重透視法、解剖學、光影凹凸的暈染」〔註109〕，這樣的讓人想「走進」畫境追求，源於埃及、希臘的雕刻與建築的空間藝術，因此在欣賞西洋繪畫時，首先要找到作家原本的立足點來觀察。而宗白華分析中國畫從源頭上就不重視「陰影」是因為有整體布局上的留白及用墨變化上的虛實妙境，因此沒有畫出陰影的必要性，欣賞中國畫時注重的是整幅畫給人的感覺，人們需要感受的是畫者的情態意志精神，而不是要去驗證所畫之物是否客觀真實。

　　西方是從模仿說到表現說（柏拉圖、亞里士多德），在現代派以前，西方的繪畫一直遵循著「模仿」原則，一直到現在還是根深蒂固的，模仿所要表現的對象，要真實的把對象展示出來，不同的階段有不同的理解，古希臘就是對形體表現的真實（到現在為止仍然令我們驚訝），對形體韻律的表現是無以倫比的以生動如真為高的評價原則，如希臘傳說中讚揚畫家所畫的罩葡萄之布矇騙了大多數人而欲將之取掉看畫那樣。西洋畫到後來注重對形體的表現注入內的精神氣質，對表情動作的刻畫，到浪漫主義時期到達一個高峰，再到後面就把潛意識層次的東西表現出來。因此當我們欣賞現代主義繪畫時感覺「什麼都不像」了，在現代主義藝術興起之前的幾千年時間，我們的眼睛和思維方式已經習慣了「摹仿」這種藝術手法，而西方現代主義藝術各流派紛紛拋棄了「摹仿」的手法，都不再追求「像」，尋求更高的隱藏在這個世界表象之後的真實。

　　文藝復興時期的魯本斯的繪畫可以說是生命活力、充盈的內心世界與斑斕色彩的傑出代表。他筆下的「肉體」就好像一種精神和個性的覺醒，豐腴而充滿活力是魯本斯筆下人物肉體的一大特點，這讓人物顯得那樣樂觀、好勝、熱烈多情，充滿了生命力，使人觀後也受到鼓舞，增強了對人生的信念。魯本斯通過人的肉身與人生的關係、人與環境的和諧及衝突來表現一種放縱

〔註109〕宗白華：《宗白華全集》（第2卷）〔M〕，合肥：安徽教育出版社，2016，第100頁，《論中西畫法的淵源與基礎》，原載中央大學《文藝叢刊》第1卷，第2期，1934年10月出版。作者原注：「德國學者菲歇爾博士 Dr. Otto Fischer 近著《中國漢代繪畫》一書，極有價值。拙文頗得暗示與興感，特在此介紹於國人。又拙文《介紹兩本關於中國畫學的書並論中國的繪畫》，可與此文參看。」

與提升的結合。一生諸事順利的魯本斯不僅愛情甜蜜，而且身居外交官的高位，可以說正是由於對生活中歡樂健康的一面有充足的感受，其作品可以稱得上是對生命活力的讚歌。色彩也是魯本斯有力的造型語言，他深深懂得色彩的組合對比具有何種魅力，刻畫女性肉體時他擅用明亮的淡玫瑰色塊，而在表現男性時則用黝黑的皮膚、閃光的鎧甲、棕灰的馬匹、鮮紅的披布等將男性映襯得光彩奪目。魯本斯將一個豐富而又和諧的華麗色彩世界展現給世人，他的充滿熱情的生力主義藝術不僅在他在世的時候給他贏來了巨大聲譽，各國君王紛紛請他作畫，其歡樂情調和磅礴氣勢也成為了後來浪漫主義的一種追求。

現代主義繪畫是宗白華非常關注的一個西方畫派，他翻譯過《歐洲現代畫派畫論選》，並於 1980 年由人民美術出版社出版。《歐洲現代畫派畫論選》為擔任德國慕尼黑大學《現代繪畫史》講座的瓦爾特・赫斯所編撰，全書包括了從後期印象派到抽象派的一些主要畫家或理論家的繪畫理論。西方現代主義畫家們不在試圖取悅觀者們的視覺，而總是試圖通過藝術的創作傳達某種思想，藝術家們主動將自己定義成為了思想家和哲學家。他們主動通過自己的藝術創作對社會現象進行反思，對宇宙人生進行追求。現代藝術不僅成為一種生存的抗爭、人生的表達和籲求，而且直接成為生存的一種方式。因此當我們面對現代主義藝術時，需要調整觀看方式，不再「用眼睛去看」，而是用直覺和心靈去感受，去把握其讓我們受到衝擊之處，跟隨藝術家們播下的種子對技術主義進行反思反抗和對人的現實處境進行深切關注。

第三節　宗白華詩歌創作與評介實踐

德國漢學家顧彬寫到：「在聽過愛因斯坦講課的柏林，宗白華成為詩人。」〔註110〕宗白華的學術經歷體現出文藝理論探索與實踐體驗的完美結合，他是一位具有詩人氣質的理論家。宗白華心中的「詩」不僅是那具有韻律有意境的優美的文字，還是一種高於庸常生活的美好的意境和追求，一種對理想主義的期許，如在抗戰時期，宗白華批評在當時的世界，詩意喪失殆盡，處處講談實際，「只有中國的一片的浴血抗戰的土地上面才是有理想，

〔註110〕〔德〕Wolfgang Kubin（顧彬）：《美與虛——宗白華漫淡》，《美學的雙峰》，1999 年，第 379 頁。

有熱情，有主義，有『詩』」〔註111〕。

顧彬還提到宗白華以柏林為主題創作的很多詩使得後來很多中國詩人仿傚，甚至在中國現代詩歌史上形成新的傾向。1922 年 6 月起，宗白華開始在《時事新報》的「學燈」專欄上陸續發表他的詩作，與同時期的一批詩形成了一股「小詩潮流」。1923 年，宗白華把自己在德國留學期間所創作的詩歌編輯成了一本詩集《流雲》，12 月由上海亞東圖書館出版，這成為了中國新詩歷史上最早的幾部詩集之一，並且得到了「小詩殿軍」〔註112〕的美譽。集子裏的詩歌皆有一種靈動飛渺的意趣，溫柔舒緩，安詳沖淡，又帶有圓融的生命智慧，對生命活力進行傾慕與讚美，在當時反響很深，一直到 1947 年還在重新出版印刷，1947 年《流雲》再版，更名為《流雲小詩》，後「流雲小詩」的名稱便流傳下來。1986 年 9 月，這批詩的大多數又被收入宗白華的美學論文集《藝境》中出版，宗白華在前言中激動地說「尤當致謝的是，編者同時勾沉了吾早年所作之小詩，致使飄逝的『流雲』得以復歸。詩文雖不同體，其實當是相通的。一為理論的探究，一為實踐之體驗。」〔註113〕

宗白華的新詩創作是他此時期從哲學轉向藝術之後的創作實踐，這不僅是受到歐洲文藝氣息感染觸發，更因為「新詩」是當時知識界新文化運動所提倡「新學」的一部分，新文化運動又是與個性解放、打破束縛鐐銬的世界性的啟蒙運動同調。新文化運動對抗一切舊思想舊體制，在詩歌界則是主張廢除中國舊體詩的格律，主張人們用自由的形式去表達自由的思想和鮮活的生命情緒。1917 年胡適發表《文學改良芻議》中提倡「一時代有一時代之文學」，大力提倡用白話作新詩。後來，胡適又在《談新詩》中明確提出「詩體大解放」的觀點。1917 年，《新青年》發表了第一批新詩，從此之後學寫新詩成為了一種文化圈的新風尚。1920 年胡適出版了中國第一部白話詩集《嘗試集》，更是觸發了文壇的新詩創作浪潮。如宗白華在其所發表的詩歌《流雲》前，他附言說自己是由於讀了冰心的《繁星》受了觸發，因此寫詩來表達共鳴。又如張澤鴻和吳家榮〔註114〕指出方東美與宗白華都是「詩人哲學家」

〔註111〕宗白華：《宗白華全集》（第 2 卷）〔M〕，合肥：安徽教育出版社，2008，第236 頁。

〔註112〕見王德勝《宗白華評傳》，第 56～57 頁。

〔註113〕宗白華：《藝境》，商務印書館，2011，第 2 頁，前言。

〔註114〕張澤鴻、吳家榮：《方東美與宗白華藝術學思想之比較》，《美與時代（下）》，2012.01。

（Philosopher-poet），他們認為方東美的《堅白精舍詩集》和宗白華的《流雲》學本質上都是一種詩化哲學。

《流雲》小詩或清新飄逸，或凝重蒼茫，記錄了宗白華青年時代的心路歷程，以及他對自然人生的感悟和對世界宇宙的探索，詩集呈現出濃鬱的生命意識〔註115〕，體現出了宗白華年青時代起即具有的俊逸超脫精神，詩集不僅構成了宗白華一生著述的基本音調，還是宗白華生命美學的直觀和感性呈現。1935 年朱自清編輯《中國新語言學大系·詩集》時稱《流雲》「這是所謂哲理詩，小詩的又一派」〔註116〕。宗白華屬於開白話詩之先河的一代人，非常具有敢為天下先的情懷和勇氣，他在給自己的詩集《流雲》作序時寫到「當月下的水蓮還在輕睡的時候，東方的晨星已漸漸醒了」〔註117〕，宗白華企圖衝破傳統的形式和思想，將新時代生命的意義從封建的束縛中召喚出來，如同如東方剛剛蘇醒的星辰。另外，印度詩人泰戈爾很受中國第一批新詩詩人的追捧，宗白華也不例外，有很多直接向他學習、致敬的詩歌。如在《我和詩》中，宗白華提到了自己喜歡朗誦印度詩人泰戈爾的《園丁集》，「他那聲調的蒼涼幽咽，一往情深，引起我一股宇宙的遙遠的相思的哀感。」〔註118〕後來宗白華在自己的詩集《流雲》中，還有一首小讚美泰戈爾的哲學：「猶如森林中偉大的沉鬱，海洋上無盡的波濤，就像是泰戈爾詩所凝成東方偉大的寂靜」〔註119〕。

一、宗白華詩歌創作的生命主題

宗白華說他的心底深暗處永遠潛伏著一種渴望，「渴望著熱的生命，廣大

〔註115〕如詩集中《生命的流》：我生命的流／是海洋上的雲波／永遠的照進了海天的蔚藍無盡。我生命的流／是小河上的微波／永遠的映著兩岸的青山碧樹……可見宗白華不僅在創作詩歌時把生命和精神有問題原來本源，其詩歌評論也具有鮮明的生命意識。

〔註116〕朱自清：《中國新文學大系·詩集導言》〔M〕，上海良友圖書館印刷公司，1935 年。

〔註117〕宗白華：《流雲小詩》，代序，〔M〕，合肥：安徽教育出版社，2006 年 8 月。

〔註118〕宗白華：《宗白華全集》（第 2 卷）〔M〕，合肥：安徽教育出版社，2016，第 151 頁，《我和詩》，此文寫於 1923 年，後刊於《文學》第 8 卷第 1 期，1937 年 1 月 1 日出版。

〔註119〕宗白華：《宗白華全集》（第 1 卷）〔M〕，合肥：安徽教育出版社，2008，第 357 頁，這首小詩原刊登於 1922 年 8 月 16 日《時事新報·學燈》，作於宗白華 25 歲留學德國期間，相對於原詩「森林中偉大的沉鬱，凝成東方的寂靜，海洋上無盡的波濤，激成西歐的高蹈。」有改動。

的世界」〔註120〕。宗白華言「詩」就源於生命的同情，「產生於詩人對於造化中一花一草一禽一蟲的深切的同情，由同情而體會，由體會而感悟。不但是汩汩的深情由此流出，默默的沉思也由此誕生」〔註121〕，同情是生命的顫動，是生命交融的方式。另外，宗白華也認為「詩」是對生命的一種補充，能夠恢復生命的力量，「詩，是詩人用他的靈魂撫摩這世界，熨貼這世界，因而撫慰著自己，彌補著自己的心靈的傷痕」〔註122〕，因此，「詩」不僅是生命情感的一種自然流露，還能夠被人們積極使用來充實自己的生命，安慰自己的心靈。

「生命」是《流雲》詩集的主題，如詩集裏有直接命名為《生命的流》的小詩：「我生命的流／是海洋上的雲波／永遠地照見了海天的蔚藍無盡。／我生命的流／是小河上的微波／永遠地映著了兩岸的青山碧樹。／我生命的流／是琴弦上的音波／永遠地繞住了松間的秋星明月。／是她心泉上的情波／永遠地縈住了她胸中的晝夜思潮」，「生命」是宗白華美學思想的真精神，生命無時無處不存在於宗白華的詩歌創作、生活實踐和學術事業中。

還有《生命的河》：「生命的河／是深藍色的夜流／映帶著幾點金色的星光」，這兩首詩都體現了宗白華對生命與流動的理解，動、流動便是生命的本體，是生命的狀態和真的精神。在小詩《生命之窗的內外》中，宗白華生動地描寫了他眼前充滿生命活力的活動、創造和憧憬，和他心裏關於在歐洲欣賞藝術生命的回憶，「白天，打開了生命的窗／成千成萬的窗戶，成堆成夥的人生。／活動、創造、憧憬、享受……／生活的節奏，機器的節奏。／推動著社會的車輪，宇宙的旋律……／黑夜，閉上了生命的窗……／縷縷的情絲，織就生命的憧憬……」這說明了宗白華目之所及、心之所想，都是生命的問題，眼前現實生活中的生命氣息，心間抽象的玄秘的生命真相。

《流雲》小詩中還有很多篇表現的是宇宙生命，這與宗白華將自己畢業的事業定為做一首「宇宙詩」是相通的〔註123〕，也由於宗白華受了自己人生

〔註120〕宗白華：《藝境》，商務印書館，2011，第177頁，《團山堡讀書記》。
〔註121〕宗白華：《宗白華全集》（第2卷）〔M〕，合肥：安徽教育出版社，2008，第303頁。
〔註122〕宗白華：《宗白華全集》（第2卷）〔M〕，合肥：安徽教育出版社，2008，第303頁。
〔註123〕宗白華在《三葉集》中1920年1月30日寫給郭沫若的信中表達了自己作「宇宙詩」的志向：「我已從哲學中覺得宇宙的真相最好是用藝術表現，不是純粹的名言所能寫出的，所以我將來最正確的哲學就是一首『宇宙詩』，我將來的事業也就是盡力加入做這首詩的一部分罷了。」

偶像歌德的啟示，他認為歌德生平最好的詩，都蘊含著宇宙的旋律與氣息。宗白華有直接用「宇宙」命名的《宇宙》：「宇宙的詩／他歌了千百年／只是自己聽著」（1922 年 9 月 2 日《學燈》），這首小小的宇宙之詩，將宇宙人化，將自然人化，蒼茫遙遠的宇宙一下子與多情善感的人們接通了。《冬》進一步將「宇宙」接近到讀者眼前，「瑩白的雪，／深黃的葉，／蓋住了宇宙的心。／但是，我的朋友，／我知道你心中的熱烈，／在醞釀著明春之花。」什麼是宇宙的心？就是此時正被我們踏在腳下的泥土？還是感受到了宇宙精神的我們自己的心呢？宗白華在這裡就把人的感悟、情感，與自然萬物，宇宙的律動連接了起來。又如《夜》：「一時間／覺得我的微軀／是一顆小星，／瑩然萬星裏／隨著星流。／一會兒／又覺著我的心／是一張明鏡，／宇宙的萬星／在裏面燦著。」這首小詩完全去掉了「我」與自然與宇宙的邊界，互相融合，宇宙裏有一個充沛自我，「我」當中也有一個浩淼的宇宙，兩者互為一體。跟《夜》有著類似精神的小詩要數《音波》：「水上的微波，／渡過了隔岸的歌聲。／歌聲蕩漾，／蕩著我的寸心，／化成音樂的情海。／情海的音波，／充滿了世界。／世界搖搖／搖盪在我的心裏。」這首詩用頂針的手法，以有韻味的節奏，表現出了詩人的心與宇宙節律的共鳴。

宗白華還是一位泛神論者，泛靈論／泛神論 Pantheismus，即相信天地宇宙間的萬物都有靈性所在，宗白華在跟郭沫若的通信中多次提到此問題〔註124〕，宗白華主張這應該是詩人的宇宙觀，是一種詩人應該有的傾向和信仰，詩人的宇宙就是泛神論的宇宙。因此宗白華的詩歌裏也多處體現出他這種泛神論的主張，如《信仰》一詩：「紅日初生時／我心中開了信仰之花／我信仰太陽／如我的父！／我信仰月亮／如我的母！／我信仰眾星／如我的兄弟！／我信仰萬花／如我的姊妹！／我信仰流雲／如我的友！／我信仰音樂／如我的愛！／我信仰／一切都是神！／我信仰／我也是神！」

宗白華的詩中充滿了生命之愛，《流雲》小詩中很多篇寫的都是宗白華對未婚妻表妹的深情告白，「純真的刻骨的愛和自然的深靜的美在我的生命情緒中結成一個長期的微渺的音奏，伴著月下的凝思，黃昏的遠想」〔註125〕（《我和詩》）。如《海上寄秀妹》：「星河流日夜，／海水永潮汐。／曉得麼？／孤

〔註124〕宗白華：《宗白華全集》（一），安徽教育出版社，2016，150 頁，《三葉集》，第 223 頁。

〔註125〕宗白華：《宗白華全集》（二），安徽教育出版社，2016，150 頁，《我和詩》。

舟之上，／每晚夢中的你。」《贈童時女友》：「她們麼？／是我情天的流星，／倏然起滅於蔚藍空裏。／唯有你，／是我心中的明月，／清光長伴我碧夜的流雲。」《我們》：「我們並立天河下，／人間已落沉睡裏。／天上的雙星，／映在我們的兩心裏。／我們握著手，看著天，不語。／一個神秘的微顫，／經過我們兩心深處。」全詩無一處寫愛，但卻處處彌漫著愛的溫馨，宗白華對虞芝秀一往情深，1927 年，宗白華留學歸國後，事業一穩定即與虞芝秀完婚並且終生不移，一輩子風雨同行，可謂「情之所鍾，正在我輩」〔註126〕。對此，著名戲曲學家吳梅很是感動，特地在他們結婚時寫了一首《減字木蘭花》祝賀，慨云：「現在有些留學生，得了學位回來，往往瞧不起原來的妻子，甚至離婚再娶。宗白華訂了婚出國，經過多年才回來結婚，這很不容易」。

1914 年，宗白華與表妹虞芝秀戀愛（虞芝秀的母親同宗白華的母親為親姐妹），虞芝秀的父親虞仲仁（浙江金華人）在浙江上虞縣做官，全家都在任上，宗白華有兩次寒假到上虞過年。愛情第一次將宗白華變為詩人，在上虞詩意又甜蜜的歲月裏，宗白華親自走過謝安留下足跡的地方（遊謝安東山、薔薇洞、洗屐池、棋亭等名勝）、拜謁謝安墓，用寫詩的方式來表達自己對這位中國歷史上膽識謀略之傑出代表人物的仰慕，對魏晉風流的神往，作為名將宗澤之後的宗白華，也有可能是借讚揚謝安表達自己對先祖的緬懷之情。他此次所作的《遊東山寺》、《別東山》和《贈一青年僧人》等詩作，是留存到今的宗白華最早的創作，這幾首極為工整的律詩作品非常有力地證明了宗白華在開始從事西學研究之前已有深厚的國學功底。「東晉風流應不遠，深談破敵有誰同」表達了宗白華對謝安之雄才武略、以及其在淝水之戰中彪炳千古功績的熱情頌揚；「春雨苔痕迷屐齒，秋風落葉響棋枰」又讚美了謝安在文藝諸多方面所達到的成就以及其對詩情畫意禪定生活的嚮往。

宗白華一直對這個浙東萬山中幽美的小城有著無限的眷戀與回憶，在《我和詩》這一回憶性散文中寫到：「那周圍的山色穠麗清奇，似夢如煙；初春的地氣，在佳山水裏蒸發得較早，舉目都是淺藍深黛；湖光巒影籠罩得人自己也覺得成了一個透明體。而青春的心初次沐浴到愛的情緒，彷彿一朵白蓮在曉露裏緩緩地展開，迎著初升的太陽，無聲地戰慄地開放著，一聲驚喜的微呼，心上已抹上胭脂的顏色」、「純真的刻骨的愛和自然的深靜的美在我的

〔註126〕宗白華：《宗白華全集》（二），安徽教育出版社，2016，第 282 頁，《論〈世說新語〉和晉人的美》，原刊於《星期評論》第 10 期，1941 年 1 月。

生命情緒中結成一個長期的微妙的音奏，伴著月下的凝思，黃昏的遠想」。

二、宗白華的詩歌評介

宗白華作為編輯的文化身份是不容忽視的，他早期加入「少年中國學會」並擔任會刊《少年中國》之文藝副刊《學燈》的主編，《學燈》為當時新文化運動的主要陣地之一，宗白華高度肯定「白話詩運動」，他稱此運動「不只代表一個文學技術上的改變，實是象徵著一個新世界觀，新生命情調，新生活意識尋找它的新的表現方式。」〔註 127〕他呼籲人們對於白話詩這新時代孕育的新文學生命採取包容的態度，一是不應該拿它跟已經發展了兩千多下的中國傳統詩詞抗衡比較，另外也不要斤斤計較於新詩的文字修辭，而是要體會新詩創作者們的用意，他們是要為新世界新時代開闢新的文藝園地，來表達生活新的內容、生命新的體會。創造一種新文體在宗白華看來是艱難探險的，「白話詩是新文化運動中最大膽、最冒險、最缺乏憑藉，最艱難的工作，它的成就不能超過文學上其他部門原是不足怪的。」〔註 128〕因為這樣的創舉需要詩人們拿出掙脫舊形式束縛的勇氣和魄力，「在文藝上擺脫二千年來傳統形式的束縛，不顧譏笑責難，開始一個新的早晨，這需要氣魄雄健，生力彌滿，感覺新鮮的詩人人格。」〔註 129〕中國白話詩創作的實踐價值是非凡的，但是其「詩」本身終究是否達了較高的水平，一直飽受爭議，不同的新詩詩人在衝破了格律的桎梏之後對新詩進行了不同方面的探索，水平頗有參差。區別於其他文類，詩最重要的在於意象的塑造和意境的呈現，很多人在進行新詩創作實踐時由於有過多其他刻意的追求，而忽略了。

宗白華翻譯、介紹並且高度評價了歌德的抒情詩，認為歌德自身豐富的生活經驗以及無比崇尚的鮮活的生命本體為源泉。詩歌這種歌德內心中的躍動的節奏是他情緒的一種釋放，吟唱寫作能夠慰藉那不斷追求的痛苦。詩歌既是歌德生命的表白，又是他靈魂的吶喊，有時還是他痛苦的象徵。作詩高唱不僅能夠疏導人們心中激昂的情緒，還能夠排解人們心中的憂思。宗白華

〔註 127〕宗白華：《宗白華全集》（第 2 卷）〔M〕，合肥：安徽教育出版社，2016，第 17 頁，294 頁。

〔註 128〕宗白華：《宗白華全集》（第 2 卷）〔M〕，合肥：安徽教育出版社，2016，第 17 頁，295 頁。

〔註 129〕宗白華：《宗白華全集》（第 2 卷）〔M〕，合肥：安徽教育出版社，2016，第 17 頁，295 頁。

指出歌德還是語言的天才，他在詩歌創作的過程中極大地豐富了現代德語的詞彙、表達和語法，以能夠跟他豐富無邊的思想、經歷及情緒相匹配。宗白華稱「歌德是馬丁路德以後創新德國文字最重大的人物」〔註130〕。

宗白華用王國維「隔與不隔」的理論來評價歌德的抒情詩，認為「歌德的抒情詩真可謂最為不隔的。他的詩中的情緒與景物完全融合無間，他的情與景色又同詞句音節完全融合無間……」〔註131〕，即歌德的詩最好地實現了情景交融、物我相忘的境界，能夠用他完全的心靈與生命來與這個世界互動交融，這是王國維和宗白華認為的意境最為高者。歌德的抒情詩讚美大自然，讚美個體向上追求的激情，蘊藏著宇宙的秩序節奏。

並且正是宗白華發掘並向世人介紹了郭沫若等新詩詩人，深刻地影響了中國新詩的進程。宗白華是郭沫若的發現者，在他擔任編輯之時，郭沫若那被積壓在編輯部的很多舊稿件才得以重見日光，宗白華高度讚揚的郭沫若的浪漫主義，並且將郭沫若的代表作《鳳凰涅槃》等發表在《學燈》上，宗白華還熱情昂揚地鼓勵郭沫若創作更多的詩歌，並且請他常常投稿，讓他有一新作，就寄來。他激動地稱讚郭沫若的詩，還將郭沫若視為知己，讚美他的「雄放直率」的詩才和「個性中的靈知〔註132〕」，事隔60年後，當宗白華回憶起自己年青時代跟郭沫若的友誼，稱他的詩「大膽、奔放、充滿火山爆發式的激情〔註133〕」。對於宗白華的知遇之恩，郭沫若在他的《自傳》中也說過「但使我的創作欲爆發了的，我應該感謝一位朋友，編輯《學燈》的宗白華先生」。〔註134〕

宗白華與郭沫若、田漢三人經常通信經常討論新詩的創作問題，宗白華第一次將郭沫若介紹給田漢時，稱他為「東方未來的詩人」〔註135〕；在寫給

〔註130〕宗白華：《宗白華全集》（第2卷）〔M〕，合肥：安徽教育出版社，2016，第17頁，《歌德之人生啟示》，作者原注：1932年3月為歌德百年忌日所寫，原載於天津《大公報》文學副刊第220～222期。

〔註131〕宗白華：《宗白華全集》（第2卷）〔M〕，合肥：安徽教育出版社，2008，第17頁，《歌德之人生啟示》。

〔註132〕宗白華：宗白華全集（第1卷）〔M〕，合肥：安徽教育出版社，2008：第225頁。

〔註133〕宗白華：宗白華全集（第1卷）〔M〕，合肥：安徽教育出版社，2008，第300頁。

〔註134〕郭沫若：《自傳》，〔M〕，江蘇文藝出版社，1996年，第3頁。

〔註135〕宗白華：《宗白華全集》（第1卷）〔M〕，合肥：安徽教育出版社，2016，第215頁，原出自《三葉集》，1920年出版。

郭沫若的信中，宗白華高度讚揚他：「你的詩是我所最愛讀的。你詩中的境界
是我心中的境界。」〔註 136〕如在給郭沫若的回信中宗白華寫到：「文學自體
就是人類精神生命中一段的實現，用以表寫世界人生全部的精神生命。所以
詩人底文藝，當以詩人個性中真實的精神生命為出發點以宇宙全部的精神生
命為總對象。」〔註 137〕正因為詩歌藝術表現了生命，反映了時代的精神生命
的底蘊，才產生了巨大的魅力，震撼讀者，啟迪人生。作為編輯的宗白華不
僅一方面肯定郭沫若的天才，還會給出郭沫若一些有益的建議，因為他發現
郭沫若的詩雖然情緒豐沛，但形式方面有簡單化、隨意化、自由化的傾向，
如他在 1920 年 1 月 3 日給郭沫若的信中寫到「我很願你一方面多與自然和哲
理接近，養成完滿高尚的『詩人人格』，一方面多研究古昔天才詩中的自然音
節，自然形式，以完滿『詩的構造』，則中國新文化中有了真詩人了。這是我
很熱忱的希望，因你本負有這種天才，並不是我的客氣。」〔註 138〕宗白華在
慶賀郭沫若五十歲生日時寫的回憶裏，依然熱情讚美郭沫若，稱當時他的詩
「篇篇都是創造一個有力的新形式以表現出這有力的新時代，新的生活意
識……每接到他的詩，視同珍寶……獲著當時一般青年的共鳴。在這個意義
上，他的詩在新詩運動裏有無比的重要，具有新詩國的開國氣象。」〔註 139〕

　　宗白華關於詩歌的思考，主要體現在《新詩略談》、《新文學底源泉》、《美
學與藝術略談》、《戀愛詩問題》、《樂觀的文學》等論文中，他多次明確指出
詩是生命的表達。宗白華借用《詩緯》中的名言提出了「詩者天地之心」的論
斷，即最好的詩應該蘊含著整個宇宙的氣息和神韻。在其《我和詩》一文中，
宗白華還指出「詩人是人類的光明的預言者，人類光明的鼓勵者和指導者，
人類的光和愛和熱的鼓吹者」〔註 140〕。宗白華認為詩歌的源泉應該來自鮮豔

〔註 136〕宗白華：《宗白華全集》（第 1 卷）〔M〕，合肥：安徽教育出版社，2016，第
　　　　227 頁，原出自《三葉集》，1920 年出版。
〔註 137〕宗白華：《宗白華全集》（第 1 卷）〔M〕，合肥：安徽教育出版社，2016，172
　　　　頁，《新文學的源泉——新的精神生活內容底創造與修養》，原刊登於 1920
　　　　年 2 月《時事新報・學燈》「評論」欄。
〔註 138〕宗白華：《宗白華全集》（第 1 卷）〔M〕，合肥：安徽教育出版社，2016，第
　　　　214 頁，原出自《三葉集》，1920 年出版。
〔註 139〕宗白華：《宗白華全集》（第 1 卷）〔M〕，合肥：安徽教育出版社，2016，第
　　　　295 頁。
〔註 140〕宗白華：《宗白華全集》（第 2 卷）〔M〕，合肥：安徽教育出版社，2016，第
　　　　151 頁，《我和詩》，此文寫於 1923 年，後刊於《文學》第 8 卷第 1 期，1937
　　　　年 1 月 1 日出版。

活潑、如火如荼的生命本體，詩歌節律裏跳動著的也應該是詩人的脈搏。宗白華還稱詩人是「人類的大孩子」〔註141〕，並且認為現今這個現實的社會裏只有詩人保有豐富的想像力，能夠創造深濃的神話境界，能夠透視人生和把握時代精神並且預測未來的走向。

在《新詩略談》〔註142〕中，宗白華把詩定義為：「用一種美的文字——音律的繪畫的文字——表寫人的情緒中的意境。」詩人要表寫意境，就需要用心靈撫愛萬物，把自然生命化，把生命精神化，人與自然緊密地融為一體，實現精神的溝通，體現生命的永恆。宗白華還在這篇文章中談到了詩歌的「形」與「質」，「形」就是用來寫出詩歌的具體的文字、章節和詞句的構造，而詩歌的「質」是詩歌所呈現出來的意境，所表達出來的詩人感想情緒。對應這兩方面，想成為好的詩人，也應該從兩方面進行培養，針對「形」的方面，詩人應該進行文學的和詩歌語言的訓練，寫出自然優美的音節，協和適當的詞句；針對「質」的方面，詩人應該提高自己人格的涵養，培養自己高雅的情緒、崇高的思想和精深全面的知識，這又需要詩人多親近自然，直接觀察自然的現象，在自然中養成詩人人格；同時多加入社會活動，拓展自己對人性的認識與理解，並主動進行直覺的訓練和哲理的研究。「詩多與哲理接近」〔註143〕，「以哲理做骨子」〔註144〕，這是宗白華對新詩主體的論述，歐陽文風〔註145〕讚揚了宗白華「以哲理做骨子」的新詩本體論，稱這種逆傳統而行的標榜顯示出宗白華作為理論家的一種氣魄，肯定了宗白華讓詩人涵養人格的新詩主體論以及宗白華主張新詩要表現時代精神的新詩發展論。

〔註141〕宗白華：《宗白華全集》（第 2 卷）〔M〕，合肥：安徽教育出版社，2016，第250 頁。

〔註142〕宗白華：《宗白華全集》（第 1 卷）〔M〕，合肥：安徽教育出版社，2016，第169 頁，《新詩略談》，原刊登於《少年中國》第 1 卷第 8 期。

〔註143〕詩歌與哲理的關係這一點筆者表示持保留意見，宗白華在《新詩略談》中還有如「詩多與哲理接近」的表達，筆者更贊成詩歌應該是情感的自然流露，而不應該成為一種道德的、或者哲理的載體，中國文學史上，宋代說理詩「以理為詩」、「以議論為詩」被認為是詩歌的一種衰落和弊端。

〔註144〕宗白華：《宗白華全集》（第 1 卷）〔M〕，合肥：安徽教育出版社，2016，第226 頁，《三葉集》，以「哲理做骨子」，是宗白華 1920 年 1 月 7 日在給郭沫若的一封信中提出的一個觀點，在信中宗白華說：「你的鳳歌真雄麗，你的詩是以哲理做骨子，所以意味濃深，不像現在有許多新詩一讀過後便索然無味了。」

〔註145〕歐陽文風：《現代性視野下的宗白華詩學研究》，電子科技大學出版社，2014。

　　宗白華還是得出新詩音樂美與繪畫美的第一人，在 1920 年撰寫的《新詩略談》中宗白華提出：「詩是用一種美的文字——音律的繪畫的文字，表寫人的情緒中的意境……文字能具有兩種作用：(1)音樂的作用……(2)繪畫的作用……」〔註146〕，宗白華分析了詩歌如何表現時間中和空間中的美，宗白華的觀點後來影響了聞一多著名的「音樂美，建築美，繪畫美」的「三美」詩歌理論。

　　宗白華對詩歌的關注不只停留在新詩層面，他對中國的傳統詩歌、詩人的評價見於多篇文章中，如在《中國詩畫中所表現的空間意識》一文中他詳細論述了中國詩人通過俯仰來觀照世界的宇宙和撫愛萬物的世界觀。宗白華言中國人的這種宇宙觀源自《易經》中「無往不復，天地際也」〔註147〕的空間意識和「《周易傳》上所說的『一陰一陽之謂道』」〔註148〕。宗白華說「人類的文明和尊嚴起始於『仰視天象』」〔註149〕，宗白華又以杜甫為例，說他尤其喜歡用「俯」的方式表現心中的乾坤，因為在宗白華看來，「『俯』不但聯繫上下遠近，且有籠罩一切的氣度……詩人對世界是撫愛的、關切的，雖然他的立場是超脫的、灑落的。」〔註150〕宗白華認為中國詩人能夠以小見大，有「萬物皆備於我，反身而誠，樂莫大焉」〔註151〕、「天地入吾廬」〔註152〕的氣魄，詩心是與宇宙相接通的，詩人的小我是融入玄遠無限的宇宙的，宗白華認為整個宇宙就是「一陰一陽、一虛一實的生命節奏，所以它根本上是虛靈的時空合一體，是流蕩著的生動氣韻」〔註153〕，因此詩人的創作就是一種的生命節奏融入整個宇宙韻律的相互激蕩的創化過程。

〔註146〕宗白華：《宗白華全集》（第 1 卷）〔M〕，合肥：安徽教育出版社，2016，第 169 頁，《新詩略談》，原刊登於《少年中國》第 1 卷第 8 期。

〔註147〕宗白華：宗白華全集（第 1 卷）〔M〕，合肥：安徽教育出版社，2008，第 423 頁，《中國詩畫中所表現的空間意識》。

〔註148〕宗白華：宗白華全集（第 1 卷）〔M〕，合肥：安徽教育出版社，2008，第 434 頁，《中國詩畫中所表現的空間意識》。

〔註149〕宗白華：《宗白華全集》（第 2 卷）〔M〕，合肥：安徽教育出版社，2008，第 306 頁。

〔註150〕宗白華：宗白華全集（第 1 卷）〔M〕，合肥：安徽教育出版社，2008，第 436 頁，《中國詩畫中所表現的空間意識》。

〔註151〕宗白華：宗白華全集（第 1 卷）〔M〕，合肥：安徽教育出版社，2008，第 426 頁，《中國詩畫中所表現的空間意識》。

〔註152〕宗白華：宗白華全集（第 1 卷）〔M〕，合肥：安徽教育出版社，2008，第 441 頁，《中國詩畫中所表現的空間意識》。

〔註153〕宗白華：宗白華全集（第 1 卷）〔M〕，合肥：安徽教育出版社，2008，第 438 頁，《中國詩畫中所表現的空間意識》。

　　無論是親自創作詩歌還是評論他人的詩歌，宗白華始終以「生命」為最重要的主題和維度，他欣賞和發現郭沫若，便是由於在他身上看到了旺盛的生命力，稱他的詩裏蘊含著「大膽、奔放、充滿火山爆發式的激情〔註154〕」；宗白華自己的詩跟郭沫若的相比雖然顯得寧靜悠遠，但卻是一種細水長流的另一種生命力的形式。

第四節　生命美學建立期宗白華的對生命意涵的闡釋

　　這個時期宗白華對生命意涵的集中闡釋在《看了羅丹雕刻之後》和《歌德人生之啟示》之中。在《看了羅丹雕刻之後》裏，宗白華雖然沒有明確提出「生命本體」的概念，但是宗白華在羅丹的雕塑作品中倏然發現了「生命」即是一切美的源泉：「大自然中有一種不可思議的活力這個活力是一切生命的源泉，也是一切『美』的源泉」〔註155〕。

一、生命在於運動不息

　　宗白華很早就思考過生命與運動的關係，在1919年所寫的《哲學雜述》中，他介紹生命緣起之問題，他不贊同生命源於物質、等於物質運動的唯物派說法，他說「因為生命是有目的，有意志的，物質運動是無意志、無目的的，即此求生之意志，非物質運動所能解也……生命依於物質運動，則有之，生命即是物質運動，尚不可說也。」〔註156〕「運動」是宗白華生命美學的另外一個非常重要的層面，「運動」是一個跟時間、空間緊密聯繫的哲學概念，正確地理解「運動」對於理解與時空的相關問題有著重要的意義。宗白華時時都在考慮生命與運動的關係，他關於生命之「動」的理解也是不斷深化、不斷豐富的。一切生命都開始於「動」，存在於「動」，植物要生長要動〔註157〕，

〔註154〕宗白華：宗白華全集（第1卷）〔M〕，合肥：安徽教育出版社，2008，第300頁。

〔註155〕宗白華：《宗白華全集》（第1卷）〔M〕，合肥：安徽教育出版社，2016，第314頁，《看了羅丹雕刻以後》，原刊登說《少年中國》第二卷第9期，1921年3月15日出版。

〔註156〕宗白華：《宗白華全集》（第1卷）〔M〕，合肥：安徽教育出版社，2016，第34頁，《哲學雜述》，原刊登說《少年中國》，第1卷第2期，1919年8月15日出版。

〔註157〕植物的細胞分裂之動，生長形變後各部分相對位置發生變化之動。

「動」規定著動物的本質屬性,「動」是自然生命的存在本體,不「動」的是生命的反面——死亡。古希臘的原子論者則認為一切變化都是由原子的運動引起的,亞里士多德認為「運動」是一種變化,如代際的更迭,生長、衰退等,笛卡爾在 17 世紀將原子論的觀點進行了充分的發揮。

宗白華生命美學的宣言性的作品《看了羅丹雕刻之後》的核心議題就是動與生命表現的關係,這個時期的宗白華幾近將「動」等同於生命,等同於美。「我自己自幼的人生觀和自然觀是相信創造的活力是我們生命的根源,也是自然的內在的真實。你看那自然何等調和,何等完滿,何等神秘不可思議!你看那自然中何處不是生命,何處不是活動,何處不是優美光明!」〔註158〕宗白華認為無往而不美的自然無時無處不在「動」,因為「動」是生命的表示,是精神的作用,藝術家描寫動態,就是表現生命。宗白華高度讚揚了羅丹在其雕塑作品中表達出的「動」,認為對「動」的表現是羅丹雕塑成功的奧秘,「自然是無時無處不在『動』中的。物即是動,動即是物,不能分離。這種『動象』,積微成著,瞬息變化,不可捉摸……藝術家要想借圖畫、雕刻等以表現自然之真,當然要能表現動象,才能表現精神、表現生命。這種『動象的表現』,是藝術最後目的」〔註159〕宗白華十分贊同羅丹將「動」視為宇宙真相的觀點,「羅丹認定『動』是宇宙的真相,惟有『動象』可以表示生命,表示精神,表示那自然背後所深藏的不可思議的東西。」〔註160〕宗白華也表示只有「動象」可以表示生命,表現精神揭示自然界深藏的不可思議的東西,因為世界上沒有完全靜止的物質,運動表現出的是深層次精神的美。

在此文中宗白華還詳細說明了為什麼照片明明似乎更攝取了自然真實卻不如藝術品有價值,這其中的區別就是照片無法揭示自然的動象,而「『自然』是無是無處不在『動』中的……動者是生命之表示,精神的作用;描寫動者,即是表現生命,描寫精神。自然萬象無不在『活動』上,即是無不在『精神』

〔註158〕宗白華:《宗白華全集》(第 1 卷)〔M〕,合肥:安徽教育出版社,2016,第 313 頁,《看了羅丹雕刻以後》,原刊登說《少年中國》第二卷第 9 期,1921 年 3 月 15 日出版。

〔註159〕宗白華:《宗白華全集》(第 1 卷)〔M〕,合肥:安徽教育出版社,2016,第 313 頁,《看了羅丹雕刻以後》,原刊登說《少年中國》第二卷第 9 期,1921 年 3 月 15 日出版。

〔註160〕宗白華:《宗白華全集》(一),安徽教育出版社,2016,第 313 頁,《看了羅丹雕刻以後》,原刊登於《少年中國》第 2 卷第 9 期,1921 年 3 月 15 日出版。

中，無不在『生命』中。」〔註161〕可見宗白華認為動與精神與生命具有同構的關係。他具體舉例說照片拍攝的「行走的人」和羅丹雕塑作品《行走的人》，認為照片中的人像麻木了一般，而羅丹的雕塑「確是在那裡走動，彷彿要姍姍而去了……藝術能表現『動』，而照片不能」〔註162〕。宗白華的這個對比其實是經不起仔細推敲的〔註163〕，因為很多照片確實記錄下了很多一閃而過的瞬間，如很多拍攝短跑運動員跑步瞬間的作品，是能夠讓人感覺到運動員在賽場上的疾馳的速度感和緊張感的。撇開雕塑與照片的對比問題，回到宗白華的寫作目的，則是為了突出「動」這個生命的真實，也是羅丹雕塑最震撼人的特點之一。

宗白華學術生涯的起點便是對德國哲學的學習與介紹，因此他對「動」的關注可以溯源到 20 世紀德國哲學（尤其是黑格爾哲學），如黑格爾就有其著名的「物質的痛苦」的觀點。黑格爾認為「物質的痛苦」體現出運動，運動不僅僅是物質運動、數學運動，而且是緊張，是生命力之動，這是物質本身的最高本性。恩格斯高度讚揚黑格爾史無前例地把整個自然的、歷史的和精神的世界描寫為一個過程，即把它描寫為處在不斷的運動、變化、轉變和發展之中的過程，並企圖揭示這種運動和發展的內在聯繫，稱這是黑格爾的巨大功績〔註164〕。

二、生命在於精神的灌注

宗白華稱自己始終是一個唯心論者，他相信「在人生上和歷史上，人的精神傾向，有絕大的勢力。」〔註165〕宗白華從《看了羅丹雕刻之後》就開始思考精神與物質的關係，「藝術是精神和物質的奮鬥……藝術是精神的生命貫

〔註161〕宗白華：《宗白華全集》（一），安徽教育出版社，2016，第 312 頁，《看了羅丹雕刻以後》，原刊登於《少年中國》第 2 卷第 9 期，1921 年 3 月 15 日出版。

〔註162〕宗白華：《宗白華全集》（一），安徽教育出版社，2016，第 312 頁，《看了羅丹雕刻以後》，原刊登於《少年中國》第 2 卷第 9 期，1921 年 3 月 15 日出版。

〔註163〕這個問題最終回歸到攝影到底算不算藝術的討論上。攝影作為一種媒介和手段，大多時候是用來記錄的，但確實也不乏攝影創作。

〔註164〕馬克思、恩格斯：《馬克思恩格斯選集》：第 3 卷〔M〕，北京：人民出版社，1995，第 362 頁。

〔註165〕宗白華：《藝境》，商務印書館，2011，第 37 頁，《樂觀的文學》，原載於 1922 年 10 月 2 日《時事新報・學燈》。

注到物質界中」〔註166〕，宗白華認為世間的萬象都存在於「精神」之中：「自然中的萬種形象……無不是一個深沉濃摯的大精神一宇宙活力——所表現。……所謂自然的內容；就是一種生命精神的物質表現而已」〔註167〕。

　　宗白華對「精神」的闡釋，有西方新柏拉圖派的影子，西方新柏拉圖派崇尚戰勝了物質的精神。新柏拉圖派還尤其重視精神與藝術之間的關係，其對德國影響深遠，如溫克爾曼、萊辛、黑格爾等都深受其影響，而宗白華在德國的學習生涯是接續這一派別的，他對溫克爾曼、萊辛、黑格爾的理論都非常熟悉，並且翻譯過他們的很多美學著作及論文〔註168〕。新柏拉圖主義的「精神」可以追溯到古希臘哲學家安納薩格拉斯提出的「努斯」（Nous，心靈），努斯是一種宇宙的秩序和力量，可以創造萬物，是西方「理性」的二重來源之一。赫拉克利特提出的「邏格斯」（Logos）為理性的一大來源，其原意是「說話」，是邏輯理性，注重話語的不矛盾率，理性的分析、邏輯的分析，邏格斯的重要性可以從《舊約》中上帝通過語言來創造世界來體現；努斯是超越於宇宙之外的一種能動的精神，是一種超世界超感性的能動性（一般認為理性比感性「高」，就源於此），其從宇宙的外部推動宇宙，使種子從宇宙最初混沌狀態分離出並組合成各種事物，為宇宙秩序的第一推動力。近代意義上的物質概念產生後，努斯逐漸轉變成為與物質相對的「精神」概念。

　　具體說來，黑格爾的《美學》的主題就是精神與物質（內容與形式）的相互纏繞奮鬥的歷史。黑格爾的美學體系與他的哲學體系一樣，都是把理念如何擺脫物質外殼的束縛作為藝術發展的標誌。藝術的發展是藝術理念不斷擺脫物質外殼的束縛走向自由的歷史。根據內容與形式的關係，黑格爾將藝術分為了三個階段〔註169〕，當形式大於內容的朦朧的、抽象的象徵型藝術，主要指原始藝術，以建築為代表；形式與內容達到統一的古典型藝術，奴隸

〔註166〕宗白華：《宗白華全集》（一），安徽教育出版社，2016，第309頁，《看了羅丹雕刻以後》，原刊登於《少年中國》第2卷第9期，1921年3月15日出版。

〔註167〕宗白華：《宗白華全集》（第1卷）〔M〕，合肥：安徽教育出版社，2016，第314頁，《看了羅丹雕刻以後》，原刊登說《少年中國》第二卷第9期，1921年3月15日出版。

〔註168〕詳細可見《宗白華全集》第四冊，其中收錄了宗白華翻譯的如萊辛的《拉奧孔》、溫克爾曼的《美學論文選譯》等。

〔註169〕〔德〕黑格爾：《美學》第一卷，朱光潛譯〔M〕，商務印書館，2015。

社會時期的藝術，以古希臘藝術為代表，尤其是古希臘的雕塑被黑格爾視為藝術中最高的典範；內容大於形式的浪漫型藝術，中世紀之後的藝術，以詩歌為代表。

　　宗白華受到黑格爾的影響還表現有宗白華在《看完羅丹雕刻之後》中提過「你看一個人的面目，他的表示何其多。他表示了年齡、經驗、嗜好、品行、性質、以及當時的情感思想。一言蔽之，一個人的面目中，藏蘊著一個人過去的生命史和一個時代文化的潮流……」〔註170〕跟黑格爾在《美學》中所寫的「人到死時，面容又回到童年的形狀：情慾、習慣和希求在身體上所凝成的固定表情，也就是死人在世時一切意志和行動的特徵，臨死時都消逝了，他又回到兒童面貌的那種不確定性。但是在活的時候，人的面貌特徵和整個形象的表情都是由內在生活決定的，例如不同民族和不同社會地位的人就有不同的心靈的傾向和活動，而這些傾向和活動都表現於外在形狀。在這一切方面，外在的東西既然是受到心靈滲透和影響的，它就已經是觀念化過的，與生糙的自然不同了。」〔註171〕是相類似的。

　　在宗白華看來，不僅各個民族的精神狀態不同，每一時代也有每一時代的整體精神風貌，宗白華提到「每一個偉大的時代，偉大的文化，都欲在實用生活之餘裕，或在社會的重要典禮，以莊嚴的建築、崇高的音樂、閎麗的舞蹈，表達這生命的高潮、一代精神的最深節奏。（北平天壇及祈年殿是象徵中國古代宇宙觀最偉大的建築）建築形體的抽象結構、音樂的節律與和諧、舞蹈的線紋姿式，乃最能表現吾人深心的情調與律動。」〔註172〕藝術家任務就是要通過物質的外在形式去表現「精神」，藝術不僅表現和傳達時代的民族的精神，藝術家還應該體會自然的精神，將精神灌注到物質當中：「藝術家要模仿自然，並不是真去刻畫那自然的表面形式，乃是直接去體會自然的精神，感覺那自然憑藉物質以表現萬相的過程，然後以自己的精神、理想情緒、感覺意志，貫注到物

<hr />

〔註170〕宗白華：《宗白華全集》（一），安徽教育出版社，2016，第314頁，《看了羅丹雕刻以後》，原刊登於《少年中國》第2卷第9期，1921年3月15日出版。

〔註171〕〔德〕黑格爾：《美學》第一卷，朱光潛譯〔M〕，商務印書館，2015，第214頁。

〔註172〕宗白華：《宗白華全集》（第2卷）〔M〕，合肥：安徽教育出版社，2016，第70頁，《略談藝術的「價值結構」》，原載於《創作與批評》第1卷第2期，1934年7月。

質裏面製作萬形，使物質而精神化。」〔註173〕因為在宗白華看來，藝術家跟創化萬物的上帝有著相通之處，藝術創造的過程與自然創造的過程，都是精神的物質化的過程；雖然創造的主體不一樣，具體的材料不一樣，但藝術品和自然都是精神與物質達到和諧的成果。藝術之所以美，宗白華認為因為藝術是人的精神與自然的精神接通的成果，「藝術家的圖畫、雕刻卻又無往而不美，何以故？以其能從藝術家自心的精神，以表現自然的精神，使藝術的創作，如自然的創作故」〔註174〕，藝術家體會感受到自然的精神與生命後，再將自己的精神與情緒灌注到物質媒介裏，因為只有這樣，藝術才和自然一樣，表現了宇宙的大優美的精神，那大優美的精神是一切美與生命的源泉。

三、生命湧動於自然

宗白華盛讚大自然的協和、完滿和不可思議，「你看那自然中何處不是生命，何處不是活動，何處不是優美光明！」〔註175〕他在《看了羅丹雕刻以後》說「我感得這宇宙的圖畫是個大優美精神的表現……一切有機生命皆憑藉物質扶搖而入於精神的美。大自然中有一種不可思議的活力，推動無生界以入於有機界，從有機界以至於最高的生命、理性、情緒、感覺。這個活力是一切生命的源，也是一切『美』的源泉」〔註176〕，「羅丹自己深入於自然的中心，直感著自然的生命呼吸、理想情緒，曉得自然中的萬種形象，千變百化，無不是一個深沉濃摯的大精神宇宙活力所表現。這個自然的活力憑藉著物質，表現出花，表現出光，表現出雲樹山水，以至於鳶飛魚躍、美人英雄。所謂自然的內容，就是一種生命精神的物質表現而已。」〔註177〕

宗白華所說的這個「大優美精神」、「深沉濃摯的大精神」類似黑格爾美學的「絕對精神」，宗白華的自然觀也有黑格爾自然哲學的影響。黑格爾的自

〔註173〕宗白華：《藝境》，商務印書館，2011，第 27 頁，《看了羅丹雕刻以後》，原載於《少年中國》第 2 卷第 9 期。

〔註174〕宗白華：《宗白華全集》（一），安徽教育出版社，2016，第 310 頁，《看了羅丹雕刻以後》，原刊登於《少年中國》第 2 卷第 9 期，1921 年 3 月 15 日出版。

〔註175〕宗白華：《宗白華全集》（一），安徽教育出版社，2016，第 309 頁，《看了羅丹雕刻以後》，原刊登於《少年中國》第 2 卷第 9 期，1921 年 3 月 15 日出版。

〔註176〕宗白華：《宗白華全集》（一），安徽教育出版社，2016，第 309 頁，《看了羅丹雕刻以後》，原刊登於《少年中國》第 2 卷第 9 期，1921 年 3 月 15 日出版。

〔註177〕宗白華：《宗白華全集》（一），安徽教育出版社，2016，第 313 頁，《看了羅丹雕刻以後》，原刊登於《少年中國》第 2 卷第 9 期，1921 年 3 月 15 日出版。

然哲學考察的是有自身確定目的絕對精神是如何從盲目的無機世界中的潛在狀態逐步顯現和實現出來、如何外化在有機的世界和人的世界當中。黑格爾的自然科學先定的前提是絕對精神在自然界中起作用，邏輯精神的必然是怎麼樣、然後在現實世界又是怎麼樣，自然科學的先在前提是人類是從自然中產生出來的。從更深層次來看，黑格爾認為在一種外表僵死的現象底下，隱含著一種看不見的衝動，看不見的衝動是上帝在支配著、發動著自然界向精神的目的前進。黑格爾的這種思想又受到德國的神秘主義者雅各布·波默的影響，波默有一個主要的思想，認為宇宙是唯一的神聖生命，是神在萬物中的顯示，宇宙就是神。黑格爾的體系是一個目的論的體系，即他認為一切事物都是有目的，這一點後來也被馬克思繼承。當黑格爾看到拿破崙騎馬進入聖耶拿城時，他激動地說：「我看到了騎在馬背上的世界精神（spirit of the world）。」作為德意志人的黑格爾，竟然「歡迎」拿破崙的戰爭和入侵，哪怕他自己的《精神現象學》手稿在戰爭中流失掉了，他依然熱血沸騰，因為當時他認為法國的革命力量代表著的是世界歷史的未來，同時代表著德國下一步的走向，他在民族國家的背後看到了世界精神〔註178〕。

宗白華自小就親近自然，熱愛自然，宗白華回憶童年的生活時寫到：「清涼山、掃葉樓、雨花臺、莫愁湖是我同幾個小伴每星期日步行遊玩的目標。我記得當時的小文裏有『拾石雨花，尋詩掃葉』的句子。湖山的情景在我的童心裏有著莫大的勢力。一種羅曼蒂克的遙遠的情思引著我在森林裏、落日的晚霞裏、遠寺的鐘聲裏追尋，一種無名的隔世的相思……」〔註179〕宗白華的整個童年是輕鬆的、歡樂的、自由的，他既飽受書香門第的浸染，又帶有想像豐沛的詩意，他觀察天上的流雲，視它們為自己的玩伴，把雲分成不同的境界——漢代的雲、唐代的雲、抒情的雲……將其做成一個「雲譜」〔註180〕，

〔註178〕見於耶拿戰爭的當天（1806年10月13日）黑格爾寫給好友尼塔麥的信中。他說：「我看到拿破崙，這個世界精神，在巡視全城。當我看見這樣一個偉大的人物時，真令我發生一種奇異的感覺。他騎在馬背上，他在這裡，集中在這一點上他要達到全世界、統治全世界」。他幽默地和具有深意地稱拿破崙為「馬背上的世界精神」，這話包含有認為拿破崙這樣的叱吒風雲征服世界的英雄人物，也只不過是「世界精神的代理人」，他們的活動不只是完成他們的特殊意圖，而是完成世界精神的目的。「當他們的目的達到以後，他們便凋謝零落，就像脫卻果實的空殼一樣」。

〔註179〕宗白華：《宗白華全集》（二），安徽教育出版社，2016，150頁，《我和詩》。

〔註180〕宗白華：《宗白華全集》（二），安徽教育出版社，2016，150頁，《我和詩》。

自然是宗白華最親近的夥伴。

　　青年時期的宗白華不僅認為人的世界觀就形成於對自然的觀察，而且認為當人失意時，也應該回到自然去尋回失落的力量，他寫到「我向來主張我們青年須向大宇宙自然界中創造我們高尚健全的人格……我以為我們創造小己人格最好的地方就是在大宇宙的自然境界間，我們常常走到自然境界流連觀察，一定於我們的人格心襟很有影響。自然界的現象本是一切科學的基礎，我們常常觀察水陸的動植的神奇變化，山川雲雨的自然勢力，心中就漸漸得了一個根據實際的宇宙觀。自然界的美麗莊嚴是人人知道的，日間的花草蟲魚，山川雲日，可以增長我們的神思幽意，夜間的星天森嚴，廖廓無際，可以闊大我們的心胸氣節，至於觀察生物界生活戰爭的劇烈，又使我們觸目驚心，啟發我們大悲救世的意志。我們身體在自然界中活動工作呼吸新鮮空氣領略花香草色，自然心曠神怡，活潑強健了。」〔註181〕因為在宗白華看來，自然可以直接讓我們感受到美，精神得到愉悅和放鬆，能夠調節我們情緒，舒展我們的胸襟；觀察自然，思考自然中的現象，又是一切科學的起點。無論是美、還是科學哲學，都起於充滿生命的自然。

　　宗白華認為「自然始終是一切美的源泉，是一切藝術的範本。藝術最後的目的，不外乎將這種瞬息變化……扣留焉，使它普遍化、永久化」〔註182〕，可見在宗白華的美學觀中，藝術最終效法的是自然，在他看來，自然不僅是科學和哲學的基礎，自然也是藝術與美的基礎。宗白華的這種觀點非常符合西方「模仿」階段的藝術，那時候的藝術家都關注藝術與世界與自然的關係，以「美」為追求，藝術走向現代主義起，開始走向抽象，與自然世界剝離。

　　宗白華也十分認同泰戈爾的「森林文明」的觀點，「東方的文明是森林的文明，西方的文明是城市的文明。將來兩種文明結合起來，要替世界放一大光采，為人類造福。」〔註183〕在《我的創造少年中國的辦法》一文中，他

〔註181〕宗白華：《宗白華全集》（第1卷）〔M〕，合肥：安徽教育出版社，2016，第99頁，《中國青年的奮鬥生活與創造生活》，原刊登於《少年中國》第一卷第5期，1919年11月15日出版。

〔註182〕宗白華：《宗白華全集》（一），安徽教育出版社，2016，第311頁，《看了羅丹雕刻以後》，原刊登於《少年中國》第2卷第9期，1921年3月15日出版。

〔註183〕宗白華：《宗白華全集》（第1卷）〔M〕，合肥：安徽教育出版社，2016，第38頁，《我創造少年中國的方法》，原載於《少年中國》第1卷第2期，1919年8月15日出版。

表達了自己在森林中創辦大學和新模範世界的理想。森林是印度文化中界於人世間和神界的一個中間過渡地帶，是一個充滿了生命之靈氣的泛神的存在，森林是人類心靈的憩息地和淨化之地。森林所代表的這種人與自然的和諧、所象徵著的生命的混整與健康的東方文化之美，與宗白華所貫徹的「天人合一」主張是相通的。古印度最早的四大吠陀經典之一即為《森林書》，記錄著古印度無歷史時期。印度先民之集體無意識匯聚而成的兩部史詩《摩訶婆羅多》和《羅摩衍那》之中有相當多關於森林的敘述。如「老王為福身灌頂，立福身為王，然後他住進了森林」〔註184〕，住進森林意味著老王進入了人生的下一個階段，古代印度教將人的一生為分四個時期——梵行期、家居期、林棲期、遁世期，「林棲期」為人們在世間經歷過利與欲，履行完人生義務之後，再次重返自然的一個時期。宗白華便有一種東方文明的森林情節，他提到「我現在正渴望到一個寥無人跡的森林中去，懺悔以前種種無意識的過分的熱望，再來專心做一種穩健的適宜的狹小而有實效的小事業」〔註185〕。

　　宗白華認為自然就是宇宙生命、宇宙精神的物質表現，他說「所謂自然的內容，就是一種生命精神的物質表現而已」〔註186〕宗白華對自然的膜拜也受到了歌德的影響，對自然的頂禮膜拜就是對生命的崇敬，在《歌德之人生啟示》一文中，宗白華翻譯了歌德於1782年寫的《自然讚歌》，其中寫到自然的中間是永恆的生命、演進與活動，自然變化無窮，不斷創造，生命是其最美的發明。歌德跟自己筆下的維特一樣，與自然間的花木草石都合為一體。宗白華十分熱愛的歌德筆下的人物少年維特，在宗白華看來維特就像一片大自然中的秋葉，像遼闊原野上的一朵小花，時時和著天地間的風而搖曳，在沒有風的時候，他也顫慄著，因為他有著無比豐富、感性的心弦，對世間的一切都能起同情，都能產生共鳴。「他以無限溫柔的愛籠罩著自然與人類的全部，一切塵垢不落他的胸襟」〔註187〕，在宗白華看來，維特就像是自然的精

〔註184〕《摩訶婆羅多》，初篇《王子們的誕生和成長》，金克木譯，中國社會科學出版社，2005年。

〔註185〕宗白華：《宗白華全集》（第1卷）〔M〕，合肥：安徽教育出版社，2008，第226頁。

〔註186〕宗白華：《宗白華全集》（一），安徽教育出版社，2016，第313頁，《看了羅丹雕刻以後》，原刊登於《少年中國》第2卷第9期，1921年3月15日出版。

〔註187〕宗白華：《宗白華全集》（第2卷）〔M〕，合肥：安徽教育出版社，2008，第26頁，《歌德的〈少年維特之煩惱〉》。

靈。維特的自殺也是源於生命力過於豐沛，情感過於激烈，因此「他的愉快與痛苦都較常人深一層。他的熱情已鄰近瘋狂。」〔註188〕

歌德對自然的無比熱愛與推崇也是德國「狂飆突進」運動的一個主題，發生在 18 世紀 70 年代的「狂飆突進」運動主張人個性的解放，強調感情和人的主觀能動性，提倡重返自然，歌德的《少年維特之煩惱》就是「狂飆突進」運動的代表作之一。宗白華此時期對自然的熱愛與讚美也是受到了歌德等「狂飆突進」運動旗手的影響。

四、生命在於愛力豐沛

「愛力」是宗白華生命美學的重要組成部分，在宗白華的理論體系中，「愛力」與「憎力」相對，指愛的力量，戀愛的勇氣，接受愛的勇氣，愛力是一種能夠生發、維持、增長生命力的能量，是一種寬泛意義上的愛，「『愛』和『樂觀』是增長生命力……『悲觀』與『憎怨』是滅殺生命力的」〔註189〕。「愛力」屬於宗白華的一個理論創新，在宗白華之前，沒有人用「愛力」〔註190〕來指代這種生命能量。宗白華先生在《樂觀的文學》一文中歌頌愛力，讚美愛力，在死氣沉沉的時代呼籲愛力。宗白華堅持沒有愛力是一個社會的靈魂，是一個社會存在和發展的基礎，「沒有愛力的社會沒有魂靈，沒有血肉而只是機械的。」〔註191〕而當時的中國民族在宗白華看來生命力已經極為薄弱、奄奄一息了，他認為，要從根本上振興中國，恢復民族的生命力，就要從提倡男女之間的純潔真摯、超越物質的愛開始。

宗白華鼓勵年青人大膽去戀愛，去寫健全的、純潔的、真誠的戀愛詩，因為他認為年青人歌頌戀愛，而老人反對，生命力旺盛的年輕民族也自然會歌頌愛情，如中國遠古時期的《詩經》，波斯的愛情詩 Haiis。但宗白華也認為日趨老邁的中國千百年來沒有純潔真誠的、承載著人們健全情感的戀愛詩

〔註188〕宗白華：《宗白華全集》（第 2 卷）〔M〕，合肥：安徽教育出版社，2008，第 29 頁，《歌德的〈少年維特之煩惱〉》。
〔註189〕宗白華：《宗白華全集》（一），〔M〕，合肥：安徽教育出版社，2016，第 419 頁，《樂觀的文學》，原載於 1922 年 10 月 2 日《時事新報·學燈》。
〔註190〕「愛力」在古漢語裏是一個謂賓結構，指的是愛惜人力物力等，見於漢朝桓寬《鹽鐵論·授時》：「為民愛力，不奪須臾。」《新唐書·魏元忠傳》：「古者茅茨采椽，以儉約遺子孫，所以愛力也。」等文獻。
〔註191〕宗白華：《藝境》，商務印書館，2011，第 37 頁，《樂觀的文學》，原載於 1922 年 10 月 2 日《時事新報·學燈》。

了，中國的詩歌風氣亟待革新，真摯純潔的戀愛詩應該被多提倡，戀愛詩能夠為民族性裏培養一種豐沛的感情基礎。

　　他批判中國年青男女之間的機械的、物質的愛，大聲提倡一種純潔的，真摯的，超物質愛。他熱情激動地讚美《蕙的風》的作者汪靜之，驚喜於「竟然有個二十歲天真的青年，放情高唱少年天真的情感，沒有絲毫的假飾，沒有絲毫的顧忌，頌揚光明，頌揚戀愛，頌揚快樂」、「這種純潔天真，活潑樂生的少年氣象是中國前途的光明」〔註192〕。

　　宗白華將少年維特視為愛的化身〔註193〕，少年維特以他的溫暖使整個自然和人類的全部似乎都籠罩在愛裏。少年維特從不停止追求愛，哪怕愛情讓他傷痕累累，最後為了成全所愛之人的幸福，願意中止自己的生命。如同愛力化身的維特嚮往自由，嚮往平等，熱愛自然，熱愛兒童，熾熱真誠，對自然和一切自然中的生命的都崇拜敬仰，內心世界豐富，思想鬥爭激烈。可以說少年維特就是充滿生命力之少年歌德的寫照，小說中的很多情節都是歌德所生活的時代與環境的呈現，其中豐沛的愛與生命力是以歌德的感情經歷和生活現實為基礎的。宗白華鼓勵青年人們去相愛吧，像維特那樣抱著高尚的愛情希望，縱然追求愛情失敗也不足為恥，而其他任何企圖，跟純真熱烈的愛相比，無論實現與否，其本身就是可恥。

　　宗白華的「愛力」與馬爾庫塞的《愛欲與文明》所提出的「愛欲」相類似，宗白華認為「愛力」作為社會的基礎比什麼都重要，「愛力」與「樂觀」配合增長整個社會的活性與生命力。馬爾庫塞將弗洛伊德提出的「欲」的概念進一步放大，「愛欲」成為了一種較大的生物本能，而不止是性慾量的擴張和質的提高。「愛欲」是生命本能，「愛欲的器官遍及人體的各個部位，愛欲的活動囊括了人類的一切活動，它有助於加強和擴大本能滿足的持久，使人獲得一種全面、持久的快樂，並使社會建立一種新的關係」〔註194〕。「愛欲」好比馬爾庫塞在書中所極言讚美的俄耳浦斯之歌，它「平定了動物世界，

〔註192〕宗白華：《宗白華全集》（第 1 卷）〔M〕，合肥：安徽教育出版社，2016，第431 頁，《〈蕙的風〉之讚揚者》，大約創作於宗白華 25 歲，原刊登於《時事新報‧學燈》，1923 年 1 月 13 日。

〔註193〕宗白華：《宗白華全集》（第 2 卷）〔M〕，合肥：安徽教育出版社，2016，第6 頁，《歌德之人生啟示》，作者原注：1932 年 3 月為歌德百年忌日所寫，原載於天津《大公報》文學副刊第 220～222 期。

〔註194〕〔德〕馬爾庫塞：《愛欲與文明》，2005，上海譯文出版社，第 7 頁。

和解了羔羊與雄獅、雄獅與人類之間的關係。自然界與人類世界一樣是壓迫的、殘忍的、痛苦的，因此一樣有待於解放，這個解放就是愛欲的工作。俄耳浦斯之歌打破了僵化，推動了森林和岩石，使它們分享快樂。」〔註195〕俄耳浦斯之歌即為人類藝術傳統的代表，俄耳浦斯是解放者和創造者的詩人的原型，他創立了一種沒有主體與客體分離、沒有壓抑的秩序，他憑藉著歌聲撫慰人和自然。無論是宗白華讚美的中國詩人汪靜之，還是代表著愛與自然化身的維特，都具有俄耳浦斯的氣質。

柏拉圖的《會飲篇》〔註196〕的主題就是對「愛 Eros」的討論與讚美，阿伽通悲劇獲獎的慶祝晚宴，大家對什麼是「愛欲 Eros」展開了激烈的討論，這些討論西方哲學史上很早就奠定了愛的重要性。第一個發言人斐德諾一上來就點出「愛即是美」，愛對我們有用，所以我們需要愛，並且讚美愛。宗白華對愛力的闡述、對愛的現象學式的倡導，跟第四個發言的阿里斯托芬類似，阿里斯托芬主張大家不要再抽象地去討論愛的概念，而要回到具體相愛的人的表現中去，相愛著的人終生生活在一起，並不要從對方得到什麼，這種對愛的功用主義的反駁，正是宗白華對中國青年人的希望。

《會飲篇》中阿里斯托芬還高度讚美了愛神 Eros，認為人們一直沒有給愛神其應當享有的尊敬和愛戴：「我確信人類從來沒有認識到愛的力量，如果我們真的知道什麼是愛，那麼我們肯定會替愛神建起最莊嚴的廟宇，築起最美麗的祭壇，舉行最隆重的祭儀。而實際上我們直到現在都還沒有這樣做，這就說明我們把愛神完全忽略了。然而，愛神在一切神祇中最有資格得到我們的獻祭，他比其他神祇更是人類的朋友。他援助人類，替我們治病，為我們開闢通往最高幸福的道路。」〔註197〕這也是宗白華在上個世紀初在中國的社會中大聲呼籲的，他不僅希望愛力能夠治好中國人身上的衰頹之氣，喚醒人們身上的活力，還渴望愛力能夠救治事個社會之病，讓整個中國社會面貌煥然一新。

總之，宗白華在二十世紀初就提出了「愛力」的概念，比馬爾庫塞提出類似「愛欲」的概念還早得多，這是理論上的創新。宗白華鼓勵人們大膽去

〔註195〕〔德〕馬爾庫塞：《愛欲與文明》，2005，上海譯文出版社，第159頁。
〔註196〕〔古希臘〕柏拉圖著，王太慶譯《會飲篇》〔M〕，商務印書館，2013。
〔註197〕〔古希臘〕柏拉圖著，王太慶譯《會飲篇》〔M〕，商務印書館，2013，第34頁。

戀愛，寫詩去歌頌愛，主張用愛力為毫無生氣的人們增長生命力，為死氣沉沉的社會注入靈魂。

五、生命在於諧和的形式

關於形式與內容的關係研究，宗白華在早期對新詩問題的關注時期就開始了，這是西方美學的最基本問題之一，中國學者們也很早將其引入用來談論分析中國的文藝問題，這也是宗白華最早關注的美學範疇。宗白華認為美與美術的特點就在於形式，形式「表現生命的內核，是生命內部最深的動，是至動而有條理的生命情調」〔註198〕，他還這樣形容藝術的形式，「如數量的比例、色彩的和諧、音律的節奏，使平凡的現實超入美境」〔註199〕、「抽象的點、線、面、體或聲音的交織結構」〔註200〕。但早期宗白華對於形式—內容問題的研究沒有跟生命的主題聯繫起來，直到寫作《歌德之人生啟示》，宗白華將生命與形式—內容問題嵌合在一起，進行了非常精神的論述。

西方關於形式的討論可以追溯到古希臘美學家畢達哥拉斯的「美是數的和諧」的理論，畢達哥拉斯學派把藝術的美歸結為數的協調與比例的和諧，宗白華寫到「畢達哥拉斯以『數』為宇宙的原理。當他發現間之高度與弦之長度成為整齊的比例時，他將何等地驚奇感動，覺得宇宙的秘密已在面前呈露」〔註201〕。形式論在柏拉圖的哲學體系中進一步發展為理式論，理式，或者理念，是柏拉圖構造的一個完美的、永恆的、絕對的存在，一切變幻無常的物質現象都不過是理式的影子，或者是對理式的摹仿，因此理式可以被視為一種至高無上的、具有規定性的完美形式。形式論在亞里士多德著名的「四因說」中發展為「形式」與「質料」，亞里士多德雖然區分了質料和形式，但在自然世界中，他認為不會存在沒有形式的質料和沒有質料的形式，每個事

〔註198〕宗白華：《宗白華全集》（第2卷）〔M〕，合肥：安徽教育出版社，2016，第98頁，《論中西畫法的淵源與基礎》，原載於中央大學《文藝叢刊》，第1卷，第2期，1934年10月出版。

〔註199〕宗白華：《宗白華全集》（第2卷）〔M〕，合肥：安徽教育出版社，2016，第57頁，《哲學與藝術》，原載於《新中華》創刊號，1933年1月。

〔註200〕宗白華：《宗白華全集》（第2卷）〔M〕，合肥：安徽教育出版社，2016，第70頁，《略談藝術的「價值結構」》，原載於《創作與批評》第1卷第2期，1934年7月。

〔註201〕宗白華：《宗白華全集》（第2卷）〔M〕，合肥：安徽教育出版社，2016，第54頁。

物都是質料和形式的統一。古希臘時期的形式論為西方後來的形式—內容論奠定了基礎，康德明確提出了合目的性的形式美學，黑格爾根據形式與內容的不同對應關係將藝術進行了不同類型的分類，從少年時期就開始研究西方哲學的宗白華，用此西方美學最基本的形式—內容理論作為手術刀剖析新詩的創作是十分自然的。

先從宗白華早期對形式—內容問題的探索說起。新文化運動的新詩運動是從打破傳統詩歌的舊格律等形式開始的，作為《學燈》主編的宗白華很自然要對投稿人的新詩稿件進行遴選並且發表，因此需要直接對投稿人的新詩進行評價，編輯工作的需要觸發了宗白華形成一個評價新詩的標準，而「形式—內容」就成為了宗白華重要的考量新詩的範疇。作為新文化運動的倡導者和新詩運動的參與者與實踐者，宗白華批判了中國舊式文化僵化的形式主義，認為因為受到形式的壓迫，真情實感沒有辦法得到表達，他在《新文學底源泉》一文寫到：「中國舊式的文學，承受了千百年來陳舊固定的形式底壓迫，已有了形式主義底傾向……一般詩家文人，徒矜字句的工整，不求意境的高新……無病呻吟……舊形式的壓迫太重，不能用真誠確切的概念意象，表寫新生命新天堂的精神……」〔註202〕

同時，宗白華敏銳地注意到了新詩過於拋棄形式而過於自由化的特點，忽略了形式美之後，很多新詩顯得淺白乏味，如宗白華在欣賞郭沫若的同時也會指出他詩歌過於隨意化簡單化的問題，在一封寫給郭沫若的信中他寫到「我覺得你的詩，意境都無可議，就是形式方面不神機妙算注意……你小詩的意境也都不壞，只是構造方面還要曲折優美一點……」〔註203〕針對舊體詩的僵化陳腐和新詩的過分自由化傾向，宗白華在《新詩略談》中明確提出了詩歌「形質說」，即好的詩是形式與內容的協調平衡的觀點，他具體寫到：「詩的『形』就是詩中的音節和詞句的構造；詩的『質』就是詩人的感想情緒。所以要想寫出好詩真詩，就不得不在這兩方面注意」〔註204〕

〔註202〕宗白華：《宗白華全集》（第1卷）〔M〕，合肥：安徽教育出版社，2016，第171頁，《新文學的源泉》，原刊1920年2月23日《時事新報·學燈》評論」欄，署名「白華」。

〔註203〕宗白華：《宗白華全集》（第1卷）〔M〕，合肥：安徽教育出版社，2016，第227頁，原出自《三葉集》，1920年出版。

〔註204〕宗白華：《宗白華全集》（第1卷）〔M〕，合肥：安徽教育出版社，2016，第168頁，《新詩略談》，原刊登於《少年中國》第1卷第8期。

　　宗白華另外一次集中談論形式─內容就是在《歌德之人生啟示》當中，宗白華認為歌德的一生一直在探索「如何從生活的無盡流動中獲得諧和的形式，但又不讓僵固的形式阻礙生命前進的發展」〔註205〕這個問題。形式與內容最均衡、最協調方為生命力最充沛的表現，歌德就是人生的形式變化多樣，人生的內容無限充實、幾乎窮盡了人類的可能性的強力生命的典範。宗白華認為歌德一生的奮進拼搏同時矛盾重重，就是由生命的內容與形式之間的張力造成的，宗白華生命與人生問題與形式─內容相結合非常具有創意，「歌德的人生問題，就是如何從生活的無盡流動中獲得諧和的形式，但又不要讓僵固的形式阻礙生命的前進的發展。這個一切生命現象中內在的矛盾，在歌德的生活裏表現得最為深刻。」〔註206〕宗白華認為歌德每次對生活、對原本愛人的「負心」與「逃走」，都是在於生活的形式限制了他的繼續追求的腳步，自強不息的歌德是不能容忍生活停滯不前、僵化無趣的，因此他寧靜背負道德和倫理的罵名也要跟隨內心不斷向前的呼喊，永不止步。

　　宗白華把黑格爾《美學》中內容與形式關係的問題用在分析歌德的人生上很生動，宗白華把歌德豐富的生活閱歷比作是生命的內容，把生活中需要遵守的一些定律、限制、規則視為生命的形式，宗白華寫到「形式是生活在流動進展中每一階段的綜合組織，他包含過去的一切，成一音樂的和諧。生活愈豐富，形式也愈重要。形式不但不阻礙生活，限制生活，乃是組織生活，集中生活的力量。老年的歌德因他生活內容過分的豐富，所以格外要求形式，定律，克制，寧靜，以免生活分崩而求就繼續和的保持。」〔註207〕

　　宗白華從歌德對宇宙秩序的追求得到了啟示，宗白華認為歌德的人生實現了萊布尼茨的宇宙觀，他寫到「萊布尼茨認為宇宙是一個充斥著無數活躍的精神原子的整體，每個精神原子順著內在的定律，向著前定的形式永恆不息地活動發展，以完成實現它潛在的規定性與可能性；同時每一個精神原子又是一個

〔註205〕宗白華：《宗白華全集》（第2卷）〔M〕，合肥：安徽教育出版社，2016，第6頁，《歌德之人生啟示》，作者原注：1932年3月為歌德百年忌日所寫，原載於天津《大公報》文學副刊第220～222期。

〔註206〕宗白華：《宗白華全集》（第2卷）〔M〕，合肥：安徽教育出版社，2008，第11頁，《歌德之人生啟示》。

〔註207〕宗白華：《宗白華全集》（第2卷）〔M〕，合肥：安徽教育出版社，2008，第15頁，《歌德之人生啟示》。

獨立的小宇宙，一面反映著宇宙生命大化流行的鏡子。」〔註208〕歌德理解這種宇宙中的和諧與秩序，用這樣的秩序啟示自己的生活，將自己的衝動調整為合理，宗白華寫到，「生命與形式，流動與定律，向外的擴張與向內的收縮，這是人生的兩極，這是一切生活的原理。歌德曾名之宇宙生命的一呼一吸。」〔註209〕

　　宗白華認為適宜的好的形式是助長生命的，不適宜的形式會束縛生命、限制生命，他稱「我不反對古典主義，但卻反對那沒有自己真實生命、一味模仿的假古典主義。真古典主義是以形式充實生命，提高生命。」〔註210〕宗白華所謂的「假古典主義」應該就是那些一味模仿古代藝術形式、卻抓不住其精神內核的拙劣的粗糙模仿，比如當下流行的「速成古風填詞」、「漢服熱」、「國學培訓」等，古人的氣韻骨氣都消失了，徒有其表反而讓人覺得矯揉造作。「真古典主義」是那些對古典文化出自內心的挖掘和學習，並且是注入了時代真精神、新生命氣息的，如西方藝術史上兩次文化高峰——文藝復興和新古典主義——都是對古代的學習，回到古希臘去汲取力量，但同時也灌注進了新資產階級的生命力量，因此在對歷史的挖掘中碰撞出了新的火花，實現了青出於藍勝於藍的傳承。

　　因此通過歌德人生完滿的實例，宗白華再次重申了他一直強調的形式與內容的協調平衡，而且宗白華一直延續了亞里士多德形式與質料不可分的觀點，宗白華認為藝術的形式與內容就像「一鏡的兩面是不能分開的。心靈必須表現於形式之中，而形式必須是心靈的節奏，就同大宇宙的秩序定律與生命之流動演進不相違背，而同為一體一樣。」〔註211〕他具體的論述如下：「生命的片面的那圖片伸張反要使生命受阻礙，所以生命同時要求秩序，形式，定律，軌道。生命要謙虛，克制，收縮，遵循那支配有主持一切的定律，然後才能完成，才能使生命有形式，而形式在生命之中。」〔註212〕

〔註208〕宗白華：《宗白華全集》（第2卷）〔M〕，合肥：安徽教育出版社，2008，第7頁，《歌德之人生啟示》。

〔註209〕宗白華：《宗白華全集》（第2卷）〔M〕，合肥：安徽教育出版社，2008，第7頁，《歌德之人生啟示》。

〔註210〕宗白華：《宗白華全集》（第2卷）〔M〕，合肥：安徽教育出版社，2008，第339頁。

〔註211〕宗白華：《宗白華全集》（第2卷）〔M〕，合肥：安徽教育出版社，2016，第54頁，《哲學與藝術》，原載於《新中華》創刊號，1933年1月。

〔註212〕宗白華：《宗白華全集》（第2卷）〔M〕，合肥：安徽教育出版社，2008，第9頁，《歌德之人生啟示》。

　　通過以上的論述，可以看出宗白華在生命美學的建立期（1920～1932）學術研究的明顯轉向，他不再像前一時期那樣單純地依靠哲學研究來探索宇宙人生的奧秘，也沒有前一時期通過寫鼓吹的文章來激勵人，退卻了前一時期的審美功利主義傾向，將自己關注的重心轉向了藝術和文學，他在藝術和文學中發現生命力量與力度的流淌，研究宇宙人生的規律。比起口號式的激進宣傳，宗白華轉向了藝術對人的心靈「潤物細無聲」的美的薰陶，這使得他跟同時期的一大批關注生命哲學的學者有了區分度，其獨樹一幟的生命美學體系得以建立。藝術通過不同的形式表達著積極湧動的生命元素，宗白華認為正是通過藝術，個人微渺的心才與茫茫的廣大人類接通，我們欣賞藝術的目的是從藝術深入到對真與美的觀照。藝術所營造的境界本是幻的，但卻啟示了高一級的「超以象外，得其環中」的真實，這是藝術所具有的由幻入真的啟示作用，因為真理是一種不能直接言說的神秘存在，所以往往要通過藝術的圖像和形象得以表達。從某種意義上而言，藝術學的建立是以中世紀聖象圖像學所指向的象徵和符號的意義為方法的，藝術品是一個通道，人們力圖爭取透過藝術品達到內在的真理，甚至直接抵達世俗生活之外的神聖的彼岸。

　　蘇珊·朗格說過「真正能夠使我們直接感受到人類生命的方式便是藝術方式」〔註213〕，藝術與人之間存在著一種非此不可的本體關係，藝術與人類生活密切相關，對藝術的揭示，就是對人的根本存在方式或最高方式的揭示。文藝本體的敞亮，將會展示人在藝術中所達到的自身領悟的程度和自我意識覺醒的程度，標示出人的本體超越之維。宗白華對生命哲學的關注也最終演化成了藝術本體論，藝術成了宗白華追問終極價值而達到超越之境的中介，藝術的言說使人的混沌的存在與難以把握的生命轉化為明朗的價值存在。

〔註213〕〔美〕蘇珊·朗格：《情感與形式》，前言，劉大基等譯，中國社會科學出版
　　　　社，1986 年，第 2 頁。